The Comeback Quotient

復出的本事

以短痛換長勝的實證法則，是勝是敗你都不虧

屢獲殊榮的耐力運動記者
麥特．費茲傑羅 Matt Fitzgerald／著　張嘉倫／譯

一切發生的事，要嘛耐得住，要嘛無法。
耐得住的話，就忍耐，切勿抱怨。

——馬可．奧理略（Marcus Aurelius），古羅馬皇帝

目錄

前言　運動員的挫敗，大多在場下　9

1 —— 先是看清，才能超越　15

想充分發揮自己的潛力，身體能力、心理素質兩者缺一不可。

距離聖羅莎國際鐵人三項賽十一個月　46

2 —— 視而不見與未知的區別　51

希望事情有所不同，是所有痛苦的根源。

距離聖羅莎國際鐵人三項賽六個半月　79

3——接受現實，可能性為最大 83
人有三種本能，覺察並克服它們，我們才能確實邁進。
距離聖羅莎國際鐵人三項賽六個月 112

4——擁抱現實，找對視角 117
陷入「情緒黑洞」夢魘的運動員，該繼續勉強自己嗎？
距離聖羅莎國際鐵人三項賽五個半月 150

5——因應現實，不畏觸底 155
因意想不到的差錯而放棄，代表計畫不堪一擊嗎？臨機應變是種技能。
距離聖羅莎國際鐵人三項賽兩個月 185

6——從不幸的厄運中再起 189
痛苦有目的，挫折也有目的。
距離聖羅莎國際鐵人三項賽五週 218

7——從大失所望中再起 223
顯化能實現一切？前提是，越享受樂趣，越容易帶來成果。
距離聖羅莎國際鐵人三項賽七日 248

8——從自我破壞中再起 253
成癮、強迫症，皆是逃避誠實面對自己的行為模式。
比賽日 280

9——再起失敗時 287
競技的成功對精英運動員而言，意義永遠不同於其他人。

致謝 315

前言
運動員的挫敗，大多在場下

一九九三年九月，某個潮濕悶熱的週四夜晚，弗洛沃斯（Rodney Flowers）為北卡羅來納州蘭伯頓海盜隊（Pirates of Lumberton）打初級校隊（ＪＶ）橄欖球賽時，脊椎嚴重損傷。十五歲、志向遠大的明星職業球員，轉瞬之間成了半身不遂。醫生告訴弗洛沃斯，他也許永遠無法行走。然而，近三十年後的今天，弗洛沃斯不僅行走無礙，還是一名成功的復原力訓練師（resilience trainer）、作家、公開演說家和播客主（podcastor）。最重要的是，弗洛沃斯將自己的谷底翻身，歸功於他的心智思想。

本書接近完稿之際，約莫只剩下簡短的序言需要完成，此時我意外地收到了弗洛沃斯的播客節目《顛覆者心法》（*Game Changer Mentality*）邀請。此次受訪可謂來得早不如來得巧，因為我為了與弗洛沃斯對談而擱置、未完成的書，全是關於重振再起的故事，特別是在體育競賽領域，相信弗洛沃斯對這個主題也不陌生。

《顛覆者心法》不僅讓我有機會與專家討論重要的話題，還提醒了我們，體育運動的最高目的不在於輸贏，而是鍛鍊心智，帶領我們邁向體育範疇以外的成功。弗洛沃斯的確恢復了行走的能力，但在那個宿命的夏末夜晚，當他的脖子在橄欖球場上意外折斷的那一刻起，他的運動員生涯便就此結束。儘管如此，他內心的運動員精神尚在，正是此種精神，引領著他走到了今日。弗洛沃斯堅定的心志確保了他凌空擒抱了南景老虎隊（South View Tiger）的開球回攻手，而不是他的隊友，雖然此舉讓他坐了輪椅，但是，最終也是同樣堅定的心志使他擺脫了輪椅。他在回憶錄《重新再戰》（*Get Up!*）裡寫道：「我養成了一種態度：無論得付出什麼代價來恢復體力和能力，我都會深入發掘，並因應未來挑戰。」

我深信體育運動的成功心理學，也是人生致勝的心理學，而我也並非唯一如此認為的人。心理學家和腦科學家日益將研究重點聚焦於體育運動，因為他們意識到此領域有助於我們了解人類的思想和行為。二〇一六年，一篇名為〈運動是大腦的最大挑戰嗎？〉（*Is*

Sport the Brain's Biggest Challenge?）的論文中，倫敦大學學院（University College London）認知神經科學研究所的沃許（Vincent Walsh）提問：「頂尖人士如何達到頂尖？我們在此有機會治療……精英運動員並進行個案研究，從中進行實用的歸納，如同過去一世紀多以來神經心理學的單一患者個案研究。透過研究異於尋常的人，我們也許可以更了解全人類。」

從另一方面來看，我和弗洛沃斯訪談的時機正巧，原因在於當時正值美國新冠肺炎疫情的高峰，以及明尼阿波利斯警方殺害手無寸鐵的黑人佛洛伊德（George Floyd）後的社會動蕩。最近一項全美國調查顯示，認為國內情況非常「失控」的人高達八成。美國整體社會（其實幾乎是全世界）在二〇二〇年都受到了重擊，大家都需要以某種方式捲土重來。

我在二〇一八年下旬開始著手撰寫《復出的本事》一書時，完全無法想像後來即將發生的事。結果，我個人也受到了上述兩場危機的影響。我身為非裔美籍婦女的丈夫，在參加完二〇二〇年亞特蘭大馬拉松賽後，返家發現自己感染了新冠肺炎，整整一個月纏綿病榻。然而，儘管我受的苦與普羅大眾相同，但總還是忍不住覺得，某種程度上，這些事件證明了我大量投注於本書的時間和精力十分值得，同時也讓本書的目標變得更清晰。尤其是，新冠疫情加上佛洛伊德之死的雙重打擊，更讓我堅信人生挫折在所難免，因此，人人都必須具備重振旗鼓的能力。

有些人歷經二〇二〇年後捲土重來，表現得比其他人更好，其中少數特例不僅只是倖存，還蓬勃發展，表現得比以往都還出色，而且一路下去，他們將獲得令身旁人士為之驚嘆的成就。撰寫本書時，我所獲得最重要的啟示就是，在個人故事的表面差異之下，少數驚人地證明自己能東山再起的人，其實大同小異，他們都經歷了相同的過程，才能重新再戰（容我借用弗洛沃斯的話），並再度向前邁進，獲得有別以往的表現。雖說我是從運動領域發現了這個道理，但也同樣適用其他方面。本書提及的傑出男女多半都是運動員，但諸多情況下，他們所經歷的失敗和挑戰都發生在運動場域之外，而他們的復出，本身的意義也超越了體育範疇。

我對本書最大的期許有兩個，一是希望運動員和非運動員都可以閱讀本書；二是每位讀者不論從書中獲得哪些靈感，或學到什麼道理，都能應用到自己的生活中，無論是在運動、人際關係、職場、遭遇健康危機或任何需要重振旗鼓的情況。若你碰巧是運動員，相信本書分享的內容將會引起獨特的共鳴。若你不是，不妨將本書視為深長的比喻來閱讀（畢竟人生猶如馬拉松），就像商業人士會閱讀《孫子兵法》或馬基維利（Machiavelli）的

《君主論》一樣。

人生的確如一場馬拉松，不論在場上或場下，從失敗和挑戰中捲土重來的祕訣並無二致，相信你很快就會和其他競賽冠軍一樣，完全掌握其中奧祕。

1 先是看清，才能超越

現實就是，即便你不相信，它也不會消失。

——菲利普・迪克（Philip K. Dick），《銀翼殺手》作者

一九八三年四月十八日，午間十二點三十四分左右，我在那一刻成為了瓊・班諾特（Joan Benoit）的粉絲。那時，我在麻薩諸塞州佛明罕的路邊觀賽，她大步跑過，即將創下兩小時二十二分四十三秒的女子世界紀錄，並以此佳績贏得波士頓馬拉松賽。當時十一歲的我，與家人一同來到波士頓觀看父親比賽，在那之前，我從未聽說過瓊。但是，當她從我身旁飛馳而過，遠遠領先比賽中所有其他女性，且僅落後於近六千名男性參賽者中的一百二十名時，我心中有了新的英雄。瓊的動作、姿勢和舉止，散發出無所畏懼的決心，她精實的身軀積極地前傾，抬著的下巴充滿戰士般的自信，目光如炬地專注於眼前道路，尋找著前方跑者並超越他們。從那天起，我便密切關注她的所有動向。

瓊的下一場重要比賽，是首度舉行的美國奧運女子馬拉松選拔賽，訂於一九八四年五月十二日於華盛頓奧林匹亞舉行。瓊憑藉著波士頓的表現，奠定了世上最偉大的女子馬拉松運動員地位，大家不僅看好她順利通過選拔賽，還期待她八月在洛杉磯能奪金。然而，三月十六日，瓊在緬因州自由港的自家附近，進行二十英里的跑步訓練時，突然感到右膝一陣刺痛。幾分鐘之內，疼痛加劇，她平時俐落的步伐開始顯得步履蹣跚。瓊此前從未中途中斷過訓練，所以不確定是否或何時該停下腳步，最後身體替她做出了決定。她的腿在跑了十七英里後，動都動不了。

時機再糟糕不過，距離選拔賽只剩不到兩個月，瓊不容備賽訓練受到任何嚴重干擾。休息和注射可體松只能暫時緩解症狀；四月二十五日，她再度無法跑步，班諾特飛往奧勒岡州波特蘭市，前去諮詢著名的骨科外科醫生詹姆斯（Stan James），醫生開了抗炎藥物，並囑咐她多休息幾天。五天後，瓊滿懷希望地開始試跑，但只跑了三英里，便含淚結束。詹姆斯醫師隨後建議進行手術，這也是最後手段，瓊確信自己的膝蓋肯定出了什麼問題，使得正常活動受到限制，於是，她決定姑且一試，立即接受手術。

奧運選拔賽前十七天，詹姆斯從瓊的膝蓋取出了一大塊纖維物質，如她所料，這些纖維狀的物質阻礙了關節正常運作。瓊小心翼翼，深怕失去健康，她盡責地等待了七十二小時，才在泳池邊進行了一次溫和的試跑，結果並未感到任何疼痛。隔日，她試騎了健身腳踏車，沒有任何疼痛。第三天，她嘗試到戶外跑步，依然沒有感覺任何疼痛。瓊旋即重拾信心，甚至還多了一點動力。可惜，好景不常，五月三日，也就是賽前八天，她在最後一次長跑中有點忘形，結果拉傷了左腿後側肌肉，瓊別無選擇，只能再休息一天。

瓊抵達奧林匹亞時，對於自己的身體狀況仍不太有把握。盡管取得奧運資格只需進入前三名即可，她依然渴望能奪得第一。為了追求澈底的勝利，她在十二英里處取得了領先，希望藉此挫挫對手的士氣，避免接近終點時必須衝刺，畢竟這從來都不是她的強項，加上她後腿的傷勢猶如不定時炸彈，現在更是如此。瓊在比賽三分之一處時，已大幅領先了四百碼，情況看來不錯。等到了十七英里處，她發現自己的教練鮑伯・塞文（Bob Sevene）擔憂地站在路邊，班諾特向他保證：「鮑伯，我沒事。」

可惜，事情沒那麼順利。瓊跑了二十英里後，那些錯過訓練的日子此時又回來糾纏著她，她的雙腿開始變沉重，配速從每英里五分四十秒減慢至六分鐘。然後，先前安分的左後腿肌肉開始痛了起來，她的速度變得更慢。離瓊最近的後方跑者抓緊時機，開始縮小與她的差距。瓊全憑著堅定的意志向前跑，腦海裡只有一個念頭——被趕上的話，我就玩完了。她在最後幾英里拚盡全力，以三十七秒之差贏得了選拔賽。三個月後，完全恢復健康的瓊在洛杉磯奧運上，成為史上首位奧運女子組馬拉松金牌得主。

運動迷無不喜愛東山再起的故事。一九七四年，穆罕默德・阿里（Muhammad Ali）令人驚嘆地在第八回合擊倒了此前所向無敵的喬治・福爾曼（George Foreman），奪回了八年前因拒絕越戰徵兵令而被摘掉的拳王頭銜。莫妮卡・莎利斯（Monica Seles）一九九六年在澳網公開賽堅毅取勝，三年前的她在場中遇刺，比起右肩的傷口，這個可怕的事件使她心靈更受重創，因而休兵許久。三十九歲的湯姆．布雷迪（Tom Brady）在第五十一屆超級盃比賽最後，神乎其技地瓦解了亞特蘭大獵鷹隊的防守，幾乎憑著一己之力帶領新英格蘭愛國者隊，從原本二十八比三、看似毫無希望的落後局面，到延長賽時奇蹟逆轉勝。這些激勵人心的事蹟，滿足了人證明凡事皆有可能的強烈渴望——事不到最後，不見分曉。

瓊獲得金牌之際，我也成了職業跑者，其實就發生在我在佛明罕看到瓊從身邊飛馳而過的隔天。相較於單純的支持者來說，東山再起對運動員的意義遠遠重要許多。例如，一名粉絲看著貝瑟妮．漢彌頓（Bethany Hamilton）在二〇一六年美國國家學術衝浪協會（NSSA）全國錦標賽上，以驚人的表現勝出時會心想：「哇！真了不起！」畢竟這名年輕的衝浪選手兩年前整隻左臂才被虎鯊咬掉。但是，同為運動員的我看著瓊從最後關頭的崩潰重振旗鼓，一舉贏得一九八四年美國奧運馬拉松選拔賽時，心裡想的卻是：「真了不起，我想與她一樣！」

身為運動迷，自然很高興能從動人的逆轉勝故事中獲得娛樂或啟發；但作為運動員，卻是希望能效仿這些人的成功，借鑒他們在大勢似乎抵定之時、扭轉頹勢的少有特質。畢竟，**偉大的逆轉勝**，說來**不過是**身為運動員的我們日日嘗試之事的極端版本，也就是**在得來不易之處取勝**。這正是運動競賽的特點，成功來之不易。運動競賽一詞在古希臘文中是「agon」，也就是英文單字「agony」（苦惱）的字根，相信這絕非偶然。例如，就算我們的訓練目的不是在奧運奪金，或即便沒在比賽八週前傷到膝蓋，馬拉松的訓練和完賽還是同樣辛苦折磨。

正因為運動競賽萬分艱難，所以，想在賽事中勝出，需要的不僅是身體能力，還有心理素質。身體健康讓運動員能從事勞力的活動，而心理素質則讓運動員得以應付勞心的難題，任何運動員想充分發揮自己的潛力，兩者缺一不可。

實現復出的不二要件

話雖如此，心理素質到底為何？依我的定義是，充分運用困境的能力，化挫折為助力。而在體育世界中，某種程度上，最不缺的就是挫折與困境。運動員在刻苦訓練和比賽時的辛苦與煎熬，已可說是最好的情況，或說是狀態好時最糟的情況，所謂的好日子實際上是少之又少。無論是受傷、生病、老化、訓練過度、生理期、錯誤的飲食、訓練不當、表現不佳、過勞、健身停滯、生活壓力、時間壓力、天氣、還是住處不對等等，大多時候，運動員面臨的都不只是普通的打擊。

不過，有些運動員更擅長應付挫折。我的Twitter粉絲中，多數人都從事耐力運動，不久前，我請他們進行心理健康的自我評估。此項調查共有三百七十一名受訪者，其中一三％承認他們的心智是「最大限制」，二八％將自己的心理狀態評為「最多處於平均」，四八％選擇「好，但不到很好」，其餘一一％則聲稱自己具有「普柯吉[1]等級」的心理素質。若我的Twitter粉絲足以代表更廣大的運動員族群，表示我們之中近九〇％的人都意識到，自己腦裡的想法經常是負擔，而不是資產。有鑒於人常有高估自己的傾向（例如，八三％的駕駛都認為自己比平均水準更為謹慎），想必我們可以斷言，除了基普柯吉本人，幾乎所有運動員都大有進步空間。

運動員多半都十分清楚如何提高自己的身體能力，最簡單的方式就是遵循經過證實的最佳訓練法，但少有人知如何提升自己的心理素質。有些人會聘請運動心理學家，有人會閱讀心理健康相關書籍、採用表象訓練（visualization）或寫日記等技巧，抑或使用其他教練、同儕或網紅名人建議的心理訓練工具。還有些人只是繼續磨磨蹭蹭，暗自希望船到橋頭自然直。哪種方式最好？為何這個問題如此重要？

回答這些問題之前，且讓我們退一步思考，為何我們對提升身體表現有如此深入的瞭解？從二〇〇〇年初起，運動科學家開始嚴密地研究精英運動員的訓練方式，特別是耐力運動選手；最終發現，不同運動項目和地區之間的訓練模式驚人地一致，其中的共通方法就是八〇／二〇法則，即每週訓練有八〇%為低強度，餘下的二〇%便是中高強度訓練。此種一致性證明了，精英耐力選手無意間找到的訓練法歷經幾代人反覆試驗，可說是人類有氧健身最有效的方式。隨後，針對業餘運動員進行的研究顯示，相同方法對於一般人也同樣有效。

按理說，適用於身體能力的解釋，通常也適用於心理健康。面對挫折時，若某些方法較好，而且如果某一特定方法格外有效，相信最會應對挫折的運動員應該是採用相同的優越方法，也就是相當於心理上的八〇／二〇法則。

---

1 （作者註）Eliud Kipchoge，基普柯吉是肯亞的傳奇跑者，不斷刷新馬拉松世界紀錄，以其堅韌的心性聞名。

假設此種方法確實存在，而我們的工作是找出此法。顯而易見的辦法就是，複製運動科學家用以辨識最佳身體訓練模式的流程。首先，自然是先收集一些運動員化挫折為助力的著名案例；第二，就是尋找其中的共同主題。相信研究材料不虞匱乏，體育圈中不乏為人樂道的復出事蹟，也有許多運動員排除萬難獲得偉大成就的故事。所有這類成就中，是否有什麼線索貫穿其中？為了找出答案，我們必須做的不僅僅是檢視影片，表面上看來，這些事件幾乎沒有透露他們東山再起的背後心法。運動員失敗了，重新站起振作，然後獲勝——多麼堅韌！所言非假，但若想從這些案例中汲取任何有用的道理，我們必須越過表象，更深入挖掘，了解運動員的想法。畢竟，心理素質端靠心智的鍛鍊。

這份研究工作聽來頗為辛苦，可不是嗎？所幸，我已經替各位完成了。自從瓊・班諾特在奧林匹亞以堅定意志取得勝利以來，我就深深著迷於運動員再起的故事。後來、我自己成了專業的耐力運動作家後，也獲得無數機會與其他偉大的運動員訪談，深入了解他們復出的背後故事、他們的想法以及心路歷程。

然而，這些互動並未為我帶來任何神奇的頓悟。通常除非有對照組存在，否則我們難以察覺一個族群中普遍存在的特徵。對我而言，這個對照組就是我二〇〇一年以來執教的休閒型耐力運動員。過去二十年來，我在早上與一般運動員一起訓練，下午撰寫關於傑出運動員的文章，這讓我了解到，這兩個族群諸多方面都很相似，兩者都充滿熱誠、不屈不饒且聰明，但當中有一個關鍵區別。

簡言之，未能扭轉頹勢的運動員會逃避現實，而能夠成功逆轉勝的運動員則是直接面對現實。我知道此刻你心裡可能會想：你說什麼？請相信我，我再明白不過了。依我觀察，所有可能存在於普通和傑出運動員之間的心理差異，「面對現實」絕非我所預期看到的關鍵。但是，既然注意到了，我就無法忽視。

心理素質低於基普柯吉等級的運動員面對挫折時，常常無法接受現實；或者，他們雖接受了現實，但卻無法擁抱新的現實；抑或，擁抱了新的現實後，卻未能採取必要行動來解決問題。基本上，運動員未能充分運用困境的情況，原因總是不脫上述三者。每當與我一起工作的運動員未能善用困境，逆勢而起時，原因都可追溯到未能採取上述其中一個步驟。

然而，能以驚人之姿再起的運動員與眾不同。他們之中，有人與運動心理學家合作，有人沒有；有人閱讀心理健康相關書籍，有些沒有；有人練習表象訓練和寫日記等技巧，有些沒練習；但是，**每個人都在逆境下面對現實**。接受、擁抱和因應現實，這三個步驟是偉大運動員東山再起的必要條件，也是心理素質最高的運動員克服重大挑戰時採取的行動。對我們其他人來說，想加強自己的心理素質，只需遵循這些「超越現實者」（ultrarealist）所樹立的榜樣，就能不斷進步，精益求精。

超越現實者，身體力行

培養心理素質的重點在於，某種程度上必須面對現實，此觀點聽來也許新穎，但如今有諸多證據支持。且讓我們簡要回顧一下體育界三場逆勢再起的知名事蹟，便可更清楚了解所謂的超越現實者所指為何，我之後也將進一步闡述說明。

再起一：半馬跑者康沃羅

二〇一六年於英國威爾斯卡地夫（Cardiff）舉行的世界半程馬拉松錦標賽（World Half Marathon Championships）備受矚目，路跑迷皆引頸期盼英國傳奇選手莫．法拉（Mo Farah）與肯亞新秀傑佛瑞・康沃羅（Geoffrey Kamworor）之間的宿命對決。這場對決之所以如此令人激動，不僅僅是因為兩人的資歷相當（這當然也是主要因素之一，莫曾拿下五次世界冠軍，並在奧運五千公尺和一萬公尺比賽中獲得兩面金牌；而傑佛瑞則是此項比賽的衛冕冠軍，並曾拿下兩屆世界越野錦標賽冠軍），還由於傑佛瑞賽前公開發表的言論，這位二十三歲的肯亞選手在某次採訪中信誓旦旦地宣稱自己將擊敗莫爵士。然而，傑佛瑞與莫正面交鋒時從未勝出，更何況世界半程馬拉松錦標賽還舉辦在莫的主場，傑佛瑞如此大言不慚，可說是有失分寸。

比賽當天，一早的天氣正如莫等英國人所習慣——寒冷、潮濕、狂風大作，但多數非洲跑者不太適應，這也許解釋了為何起跑槍響時，傑佛瑞竟左腳一滑，臉朝下地趴倒在光滑的柏油路上，他在那裡躺了漫長而可怕的七秒，而身後的一萬六千名業餘跑者開始在腳下踐踏他，莫則首當其衝地與其他對手一同遠去。

巧的是，在這個極糟的時刻，傑佛瑞附近其中一位跑者就是奧立佛・威廉斯（Oliver Williams）。這名三十歲的威爾斯人正試圖創下新的金氏世界紀錄，成為有史以來穿著超人裝跑半馬跑最快的人。為了記錄，威廉斯身穿紅披風和胸前帶有「S」的服飾外、頭戴一台GoPro，正好捕捉到了從地上爬起的傑佛瑞，擠過了這位扮裝的鋼鐵英雄，並在較慢的跑者間迂迴前行，不計後果地追趕領先的選手。

不出三分鐘，他便以每英里四分鐘的速度衝過了一公里處，追趕上前方的跑者。然而，急起直追也有相應的代價，一般情況下，傑佛瑞常是一馬當先的領跑者，然而，此時這位企圖與莫相爭、缺氧的挑戰者在接下來的數英里裡，卻是隱身在莫身後，專注於蓄力，而非配速。一場緩慢的消耗戰隨之而來，苦苦掙扎的跑者一個接一個地倒下，莫跑到一半時就不見蹤影；到了十一英里時，比賽只剩下兩人，一是傑佛瑞的同胞貝登·卡洛基（Bedan Karoki），以及令人難以置信的，另一人竟是傑佛瑞，最後他以二十六秒之差取得勝利。

再起二：鐵人媽媽卡佛瑞

二〇一四年十月，米蘭達·卡佛瑞（Mirinda Carfrae）抵達夏威夷大島。她是鐵人三項世界錦標賽職業女子組冠軍的熱門人選，理由十分充分，這位三十三歲的澳洲選手在上屆打破紀錄奪冠之後，表現並未有任何退步，同年七月還贏得了競爭激烈的長距離鐵人三項運動（Challenge Roth），並創下史上最快的女子長距離鐵人賽成績。米蘭達在賽前接受espnW.com採訪時透露，奪冠是唯一令她滿意的結果。

試想，當誓言奪冠的米蘭達發現，自己在自行車轉換到跑步時排名第八，並落後第一名的瑞士選手丹妮耶拉．里夫（Daniela Ryf）十四分鐘之多時，她作何感想。在科納（Kona），從未有運動員能克服如此大的差距獲勝，身為本屆冠軍的米蘭達也很清楚這一點，她事後表示：「**我不認為自己有機會獲勝，我必須放棄這個希望**，因此，我告訴自己仍要全力以赴，並將目標從奪冠調整為進入前五名。」

為了實現這個調整後的目標，米蘭達以每英里六分三十秒的速度，完成了自行車到跑步的轉換，超越了自己的賽道配速紀錄。盡管她的比賽節奏相當積極，但在馬拉松前半段僅超越了另外兩名選手；可是，隨後在十四英里處，米蘭達短短數秒內一次超越了三名跑者，往前推進至第三名。於是，原定的計畫又回到了檯面上。

這位身型嬌小的澳洲選手意識到，自己必須壓抑逐漸高張的興奮情緒，並專注於明智的決策，比如放慢速度，以便在補給站補充所需的水分和熱量，不要只是為了節省時間而一味高速行進。米蘭達的小心翼翼獲得了另一份獎賞，英國選手瑞秋．喬埃斯（Rachel

Joyce）在二十英里處將第二名拱手讓給了她。此時。丹妮耶拉出現在她前方的視線範圍內，最終勝負已定，米蘭達在二十三英里處取得領先，最終完成了鐵人三項世界錦標賽三十六年來最偉大的逆轉勝。

再起三：傳奇女跑者瓊．班諾特

如本章開頭，瓊．班諾特在一九八四年三月的訓練中，膝蓋嚴重受傷，但僅八週後就贏得了美國奧運女子馬拉松選拔賽冠軍。隨後發生的事證明了瓊在奧運的驚人事蹟絕非僥倖。一九九一年，她從兩度懷孕和中斷三年的精英賽中復出，以兩小時二十六分四十二秒的成績完成了波士頓馬拉松，成為當年跑得最快的美國女性馬拉松跑者。十七年後，五十歲的瓊取得資格，並參加了美國奧運馬拉松選拔賽，以兩小時四十九分零九秒的成績締造了分齡組的世界紀錄。瓊．班諾特．山繆爾森正是活生生的例子，證明了偉大的復出是人定勝天。

比賽的真義：你能多快接納逆境

上述運動員逆勢再起的事蹟，無一不受到粉絲和記者的鼓舞喝采。奧立佛・威廉斯在威爾斯拍攝到傑佛瑞・康沃羅在人群中瘋狂衝刺，此段影片讓諸多觀眾發出「哇！」、「太厲害了！」等等驚嘆。《紐約時報》記者阿法諾（Peter Alfano）在一九八四年馬拉松選拔賽的報導中，形容瓊・班諾特「用單腿跑得比其他二百三十七名選手用雙腿還好」。鐵人三項世界錦標賽播報員麥克・雷利（Mike Reilly）在米蘭達・卡佛瑞於二〇一四年的比賽衝過終點線時表示，她的表現「簡直不可思議！」。

然而，眾人盡管對這些運動員逆勢而起驚歎不已，卻鮮少實際去探討或了解這些事蹟為何如此不凡。阿法諾對瓊的讚揚中隱含著某種暗示，他將她的復出歸因於驚人體能的展現。他認為，瓊深具跑步天份，因此，即便她備賽一路以來歷經重重考驗，依然能贏得馬拉松選拔賽。同理，我們可以推論，傑佛瑞的逆轉勝也證明了他深具跑步天賦，所以，就算他起跑時摔倒，最終仍能獲勝；而米蘭達肯定也有跑步天份，因此，盡管從自行車轉換至跑步時，落後了丹妮耶拉・里夫十四分鐘多，最後依然可以反敗為勝。

毫無疑問，若沒有超強體能，這些運動員不可能扭轉頹勢。但是，請記住，身體能力只能讓運動員做出高難度動作，然而，運動員還必須具備心理素質，才有辦法克服逆境。傑佛瑞、瓊和米蘭達都必須克服十分艱辛的情況，才能贏得比賽，而他們三人即便身處多數人會選擇逃避的情況下，仍選擇正視現實，因此最終才能獲勝。

遭遇挫折時，最先出現於運動員眼前的機會，便是選擇是否接受現實，如此的機會不容錯過，因為運動員唯有接受現實，才能充分運用困境。何以見得？原因在於，接受現實就是保留做選擇的能力，並以此為出發點來看待問題。但是，接受現實絕非易事。另一方面，不接受現實反倒容易許多，而且通常有兩種表現形式。一是恐慌，情況急轉直下被視為難以接受，因此，人的本能開始主導一切，運動員反射性地採取行動，受到情況牽制，無法自行決定該如何應對。稍微溫和一點的恐慌則會導致人往壞處去想，讓運動員把情況想得更糟，即便實際上並非如此；或在比賽真正結束前就決定放棄。另一種無法接受現實的形式，完全與恐慌或往壞處想背道而馳，也就是否認現實，運動員嚴重低估自己的劣勢，或假裝困境根本不存在。

常言道：「人生丟給你一顆檸檬時，那就做杯檸檬汁吧。」如此樸實的智慧其實只是另一種說法，告訴我們「當你發現自己身處逆境，接受現實，化劣勢為優勢」。接受現實意味著去正視生活已經丟給你一顆檸檬，別無他法，別再浪費時間和精力去希望事情沒有發生。

許多運動員面臨傑佛瑞．康沃羅的處境時，多半會驚慌失措，要不以雙臂護頭蜷縮成一團，要不就是倉促退到一旁安全的路邊。有些人大概會往壞處想，就算繼續比賽，也不抱任何希望，在未見勝負前就先認定自己輸了。然而，傑佛瑞一反常態，彷彿他已預先獲得警告會發生什麼事，並為此做好了心理準備，他完全接受現實：他落後了七秒，身上有些紅腫擦傷，還有數百名他必須設法超越的人體障礙物。

對一般人來說，瓊．班諾特在奧運會選拔賽前八週所受的傷，十分難以接受。類似情況下，許多運動員會在恐懼驅使之下否認現實，因為害怕失去辛苦鍛鍊的體能，而假裝傷勢不存在，並試圖透過訓練來逃避問題，後果自然可以想見。瓊當然也深恐自己的體能受到影響，但她不讓恐懼影響她的判斷，或出於畏懼而草率決策。她正視了自己傷勢的嚴重性，在必要時中斷跑步，並在選拔賽前兩個月，休息了十五天以上；同時，瓊也想好了備案，若她無法參加馬拉松賽，可試圖透過徑賽運動取得奧運參賽資格，做好心理準備有助於避免她衝動冒險。

米蘭達．卡佛瑞在鐵人三項世界錦標賽下自行車時，也是類似反應。她得知自己落後丹妮耶拉．里夫近十五鐘後，計算出自己必須破天荒地以兩小時四十七分的成績跑完馬拉松，才能在終點線前超越里夫。米蘭達打從心底承認自己幾乎毫無勝算，但她沒有放棄（恐慌或往壞處想的反應），或欺騙自己試圖跑出二小時四十七分的成績（否認反應）。米蘭達評估了情勢並接受得出的結論，在充分運用困境的過程中，立即朝下一步邁進，這意味著她必須擁抱現實，並努力將手邊的檸檬製成檸檬汁。

不過，並非每個能夠接受糟糕現實的運動員都能採取下一步行動。接受不如願的現實，往往會讓人意志消沉或變得滿不在乎，以一種「無所謂」的態度面對情況。情況急轉直下時，人自然會希望事情沒有發生。然而，由於我們經常陷入此種心態，因而排除了任何化危機為轉機的可能；但超越現實者恰恰相反，他們很快就會調整心態，即便原本的目標已遙不可及，他們也會從「希望事情有所不同」的心態，迅速轉變為「下定決心扭轉頹勢」。

碰巧的是，我在一九八七年新英格蘭高中越野錦標賽（New England High School Cross

Country Championships）起跑時，也經歷了類似傑佛瑞．康沃羅的意外。比賽開始後沒幾步，我便摔倒在地，雖然我在地面上停留的時間不長，只比場上其他人落後了約三至四秒，但我在跌倒後，心態自始至終未能恢復，驚慌失措地跑完了剩下的路程，最後以六十六名完賽，但我本該進入前二十五名。簡言之，我一開始便沒能接受自己遭遇的挫敗，不像傑佛瑞，他參與的賽事規模更大、更不容失敗，但卻能迅速地從「希望自己從未摔倒」調整心態，將如此的挫敗拋諸腦後。

瓊．班諾特在其一九八七年出版的自傳《潮起潮落》（*Running Tide*）中，正好描述了超越現實者擁抱困境的心態。她寫道：「我的跑步哲學是，我不空想，而是身體力行。」聽來容易，但由於她的膝傷，此種心態也面臨嚴重考驗，瓊在奧勒岡州時進退維谷，兩度接近收拾行李飛回緬因州的家。我幾乎可以斷言，許多運動員面臨類似處境時，都會毅然決然地收拾行李回家去，但瓊將自己的不幸視為挑戰，而非打擊，正好足以阻止她放棄。

米蘭達．卡佛瑞在科納也表現出了相同能力，將目標從獲勝調整為進入前五，雖然她最終確實拔得頭籌，但這已並非重點。重要的是，她在事不如意時，完全接納自己的處境，在比賽期間臨機應變，用等同於先前一心求勝的熱切，追求以前五完賽，因此拿出了最佳表現。想必我可再度肯定地說，少有面臨相同處境的運動員，能拿出此種力挽狂瀾的氣勢。

不可能是名詞、可能是動詞

回到用酸檸檬製作檸檬汁的比喻，充分運用困境的第三步是，用獲得的檸檬實際製作檸檬汁。畢竟，完成先前的步驟無法保證可產出實際的成果。走到這一步的運動員，常因努力失敗或判斷失誤（這也是逃避現實的其他兩種方式）而有脫序表現。

二〇一六年世界半程馬拉松錦標賽的賽後記者會上，傑佛瑞．康沃羅告訴記者：「起跑滑倒後想迎頭趕上真是千辛萬苦，但我決定奮力一搏。」每當我讀到如此老套的說詞，都會會心一笑，年輕的傑佛瑞想必是歷盡艱辛。即便他竭盡全力，體能也只是他跌倒後依然能勝出的其中一項原因；除此之外，還因為傑佛瑞願意忍受過程中的辛苦。在其他運動員眼中，傑佛瑞逆轉勝的事蹟幾乎難如登天，他們就算接受並擁抱這個事實，還是大有可能在比賽過程中先行放棄，畢竟追趕實在是太辛苦了——抑或，換句話說，幾乎感覺不可能。

科學證據顯示，部分運動員對於痛苦折磨的耐受度比其他人更高，而耐受度較高的人更容易接受此種痛苦折磨。他們所感到的苦痛並非較少；反之，他們只是並未否定現實，或希望自己的痛苦折磨從未發生，沒有在原始的實際感知上加諸更多不快的情緒，避免加劇原本的痛苦折磨。同理，願意面對現實，讓部分運動員能接受情況的負面轉折，也有助於他們承擔必須承受的艱苦來克服萬難。

瓊・班諾特在其回憶錄中，充分說明了超越現實者此一特點，她寫，

人們問我，如何忍痛跑步？或持續朝著看似遙不可及的目標努力？若我想跑得比以往更快，便得應付偶爾伴隨著長跑的不適。不過，我深信最終結果值得付出努力。

班諾特願意實事求是，面對現實，再加上她的天賦，因此可以在奧運用單腿跑出比對手出色的佳績。

然而，**因應困境並不全憑著忍受痛苦和折磨，判斷力也相當重要**。困境意謂著問題，

面對現實的流程

下圖概述了充分運用困境所涉及的三大步驟，以及選擇面對或否認眼前現實對結果的具體影響。

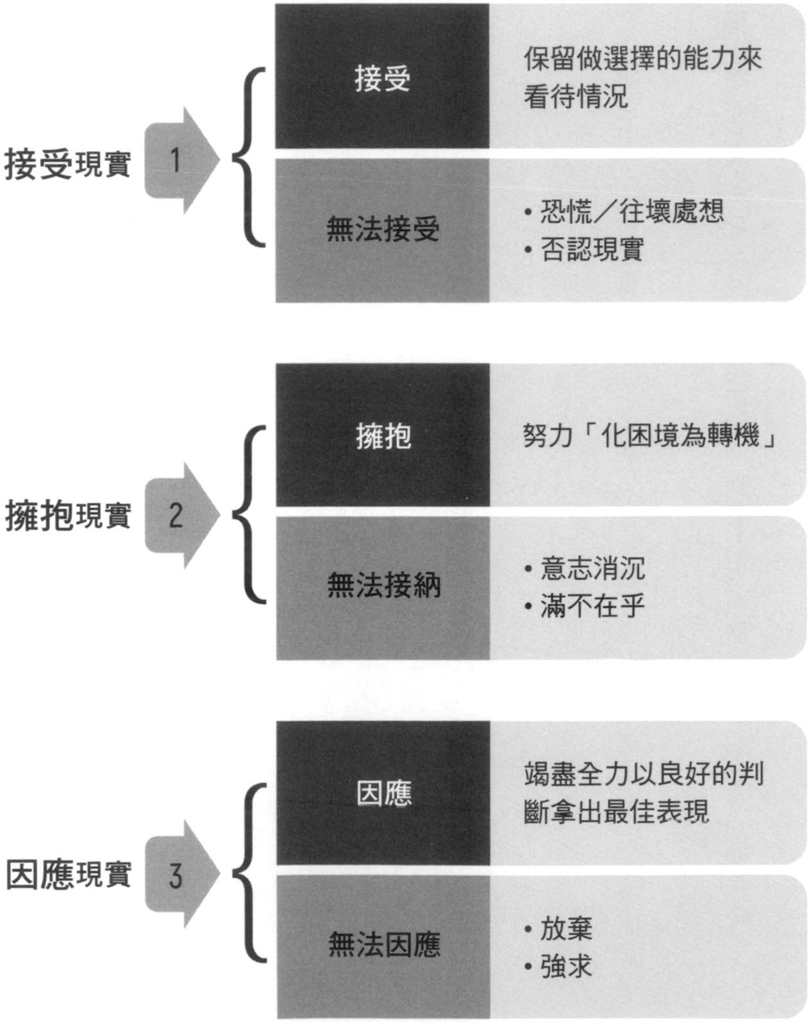

但並非所有問題都能單靠蠻力解決。想找出適用於問題的解方，運動員通常必須去感知身處的境況，接受現況的樣貌和本質，並願意根據感知到的情況臨機應變。這正是米蘭達．卡佛瑞在鐵人三項世界錦標賽路跑時的策略，若是換作其他運動員，即便接受並擁抱了相同處境，也許僅會單純透過努力來克服困難，但米蘭達卻運用了明智的決策來應對，包含配速、營養和自我的情緒調節等等。換句話說，她選擇了實在、具體的解決方案，而不是簡單的方法。

截至目前，相信各位應該很清楚，充分運用困境的關鍵就在於面對現實，而任何無法在困境中盡力而為的情況，可能都與逃避現實有關。如此說來，你準備好要面對現實了嗎？

面對現實，給自我懷疑下猛藥

康沃羅、班諾特和卡佛瑞等超越現實者，擁有眾人罕見的特質，也就是面對現實的非凡能力。若想充分發揮自身的潛能，你也會希望具備如此的能力。話雖如此，真有可能嗎？假設「復出因子」是天生，而非後天的呢？

實話實說：我認為復出因子某種程度上是與生俱來的。例如，眾所周知，某些基因使人容易焦慮，若你不幸遺傳了此類基因，受到攻擊時也許永遠無法像超越現實者一樣保持冷靜。話雖如此，先不用絕望。畢竟，我們知道，身體能力某種程度也是與生俱來，資質平庸的運動員接受再多訓練，體能上還是無法媲美同樣訓練有素但別具天賦的運動員。不過，我們也清楚，只要遵循經證實的最佳訓練法，長期鍛鍊下來，任誰都可以變得更加強健。同理，心理素質也是如此。

我在與運動員的合作中，一次又一次地目睹此種情況發生。從體能的瓶頸到賽前的焦慮，訓練過程全都關乎於幫助運動員應付運動常見的各種挫折。其中像是失去動力等部分情況，基本上完全屬於心理因素；然而，其他如受傷等情況，則是包含了生理和心理因素。自從我靈光乍現，發現面對現實正是強健心理素質的方式，我便一直刻意循循善誘，輔導運動員在受挫時要接受、擁抱和因應現實。我發現，此種方法不僅有助於解決眼前問題，而且長久下來，心理素質也會普遍提升。

我數年前指導過的跑者伊凡就是一例。當時，他在中斷跑步二十年後，重返競技路跑，正處於中年復出的階段。我曾共事過的運動員大多因為特定問題前來向我求助，伊凡是其一，他的問題是訓練和比賽時容易不知節制，導致強度過高，使他最近一次賽後整整一周都無法行走。

不過，伊凡自認為無法能靠一己之力學會自我控制。我旋即明白了原因，我為他規畫跑步訓練，本意原是希望他不要過度訓練，然而，他卻一次又一次地重蹈覆轍。坦白說，他根本是胡亂找藉口拉高強度。有一次，我向伊凡指出，他在本該全為強度二（低強度）的長跑訓練中，再度將練習拉高到了強度三（中等強度）。伊凡的藉口是，他的差錯發生在所選路線的下坡路段，他認為在強度三的下坡跑步，比起相同強度的上坡或平地路段，其實壓力較小，因此，他堅稱自己實際上並未偏離原本訓練的計畫。

我告訴他：「伊凡，強度三就是強度三，你心知肚明。」

我用了諸多小方法不讓伊凡逃避現實，上述情況只是其中一例。儘管每次我們正面交鋒不見得有多大進展，但積小成大。一起訓練了幾週後，伊凡在練習時，腦海中開始會浮現我的聲音，在他犯錯前，阻止自己。最後，他益發堅守自己的訓練強度。又過幾週，他不再需要我的叮囑——伊凡聽到的是自己的聲音，是他將自己從自欺導回現實。

這樣的過程並未就此止步。面對現實不僅僅是在特定時刻做了或沒做的抉擇，而是一種心態，也許可從解決特定問題著手練習，透過一次又一次練習，變得更實事求是，面對其他困難時，也更易接受、擁抱和因應現實，伊凡正是如此。

練習讓伊凡快速覺察那些自欺欺人的時刻，也更能坦誠面對自我。進而深入發掘自我，發現因童年創傷而長久深藏的憤怒、自我厭惡，跑步事實上是他自我懲罰的形式。改變當然不會是一夕之間，然而，日久月深之下，伊凡逐漸接受了這部分的自己，不讓過往傷害牽制他的決定——或影響他的跑步。

我兩結束合作一年後，他寄了一封感謝函給我，在信中說自己剛完成了人生中表現最好的一場賽事。伊凡寫道，

> 比賽過程中，我內心再度浮現一貫的自我懷疑，通常在此種長度的賽事中，自然而然的反應是更用力逼迫自己，有意識地刻意以配速為優先。可是這一次，我並未如此，我感受到了與不同部分的自我產生聯繫，唯一貼切的形容應該說是自信，但不是妄自尊大的自信，感覺更像是一個有信心的自我，為我提供了空間，讓我所有的不安

全感都能被傾聽，也感到安心、一切都在掌控之中。

此種控制感正是成為超越現實者的精髓。當我們培養了完全接受、擁抱和因應任何情況的能力時，就毋須再依賴外部環境。我們仍會希望事情如自己所願，但不論情況與否，也已無關緊要。你深知自己無論處於任何境地，都有能力化挫折為轉機，你掌控著自己唯一能控制的——也就是你的心智，心緒也獲得解放。

做自己的教練踏實邁進

我用來幫助像伊凡等運動員充分運用困境的方法，主要以現實治療法（reality therapy）為基礎，下一章將有進一步介紹。我偏好此法的其中一項原因是，它根深蒂固於一般問題解決的經驗當中，運動員早已熟悉。此種方法迴避了對情況或障礙的診斷，也未規定要進行特定的心理訓練。我們甚至不需將此法視為培養心理素質的方式，而是視其為一個又一個考驗下，充分運用困境的方式。而且，練習此種方法甚至毋須透過教練，唯一需要的是，在迎接每個新挑戰時，有意識地接受、擁抱和因應現實，並發自內心地深切理解如此做的意義——再簡單不過了。

不過，正如孟克（Thelonious Monk）所言：「簡單不代表容易。」人在面臨考驗時，想要逃避現實的本能強大且不易馴服。我將於本書接下來幾章盡力為各位提供工具，幫助大家循序漸進，妥善應對每個新的挑戰。下一章中，我將運用古代哲學、尖端科學以及其他方面的證據支持，證實超越現實為心理素質的真正精髓。接著，我將逐一說明充分運用困境的三個步驟——接受現實、擁抱現實和因應現實，並進一步以超越現實者的實例佐證說明。從第六章到第八章，我們將探討運動員最常見的挫折經歷，如不幸的厄運、大失所望和自我破壞，並找出超越現實者從各類困境中東山再起的策略和方法。最後一章將著眼於再起失敗時的情況，藉此闡述所謂超越現實主義的真正目的。超越現實面對挫折，不見得就能確保成功，但可以讓你的運動生涯和人生歷程在輸贏之外，更豐富且有意義。

請做好準備，即便擁有了超越現實者的工具和妙法，未來的道路仍將不乏失足踏錯之時，無法扭轉逆勢的情況將屢屢復見，也許因為無法接受不樂見的情況，也許是無法擁抱已接受的現實，抑或是不願應對已接受和擁抱的事實。盡管如此，下一次的表現機會很快將會到來。美國跑者暨超越現實者德希蕾・林登（Desiree Linden）七度嘗試並贏得波士頓馬拉松賽，在此容我借用她在賽後廣為流傳的一句話：只要「堅持到底」（keep showing up），努力必定會有豐厚收穫。無論你是否已經成為訓練有素的超越現實者，且有能力以驚人之姿東山再起，相信這段歷程中邁進的每一步，都將有助於你變得更冷靜、堅強且自信，讓你不論在運動或人生的賽場上，都能更明智決策，獲得更豐碩的成果。我如何確知？因為我自己也正在同一條道路上邁進。

距離聖羅莎國際鐵人三項賽十一個月

我今天去游泳了，睽違近九年，我再度開始來回游泳的訓練，其實也算不上什麼鍛鍊，只是在當初專為了二十五碼泳池所加入的健身俱樂部裡，緩慢、穩定地游了個半英里。話雖如此，好歹是個開始。

我之所以九年沒有游泳，原因在於我並不特別喜愛這項運動；而我之所以不喜歡，是因為我不太擅長。因此，除非為了鐵人三項賽進行訓練，我多半不會主動去游泳，而我從二〇〇九年九月之後就沒再參加過鐵人三項賽了。然而，我決定以鐵人三項運動員的身分回歸賽場，並報名參加了比賽，所以今天才去游泳。

我選擇參加明年五月舉行的聖羅莎國際鐵人三項賽（Ironman Santa Rosa），距今約十一個月。以三項全能賽而言，十一個月的訓練時間很長，即便是鐵人三項也是如此。但是，我必須利用僅有的每一天來做好準備。荒廢的泳技只是我必須克服的其中一個小障礙，而且還只是為了重返起點，更別說要實現我的目標了。九年前，我最後一次嘗試回歸鐵人三項賽，但失敗了。當時，我為了參加亞利桑那鐵人三項賽（Ironman Arizona）接受訓練，但出現了慢性膝蓋疼痛。從此，只要我每週試圖騎自行車超過三至四個小時，膝蓋便會產生疼痛。而且，我幾乎可以斷定，除非找到解決辦法，否則未來幾週內膝蓋疼痛的情況會再度發生。我過去曾嘗試以換踏板或調整座椅高度等方式解決問題，但全都徒勞無功。

另一次受傷也影響了我的跑步。十個月前，我在為芝加哥馬拉松賽（Chicago Marathon）訓練時，髖外展肌腱嚴重拉傷。我復原速度很快，甚至締造了個人最佳紀錄，但十二週後，我的肌腱再度拉傷。過去六個月以來，相同問題一直循環反覆——休息、重新開始跑步、受傷、再休息……。上週，由於我的鼠蹊部疼痛已出現危險徵象，逼得我不得不中斷原該輕輕鬆鬆的八英里路跑。現在，我利用跑步機的陡坡進行所有跑步訓練，其實充其量只是快走，根本算不上跑步。

用十一個月準備復出，時間算是綽綽有餘，對吧？可是，我自有道理。我在二〇〇二年時參加了威斯康辛州的鐵人三項賽，當時我以十小時十三分十五秒的成績完賽，以二十三秒之差錯失了進入科納世界錦標賽的資格。此次在聖羅莎復出參賽，首要目標就是在我的分齡組（賽前一周我正好年滿四十八歲）取得晉級科納的資格，考量如今三鐵的競爭激烈，我可能得在九小時五十分內完成比賽；退而求其次的目標則是在十小時之內完賽；再其次就是比之前鐵人三項賽的成績進步。簡言之，我為自己設下了高標，而且，有鑒於我目前的狀態，旁人也許會認為不切實際，盡管如此，我還是不改其志。

如你所見，我真正的抱負其實無關乎實現這些目標，更重要的在於追求目標的方式。我無疑想獲得科納的參賽資格，並打破十小時完賽的紀錄，但我更希望達成的是，效仿超越現實者的方式追求目標。本書的目的，在於幫助面臨困境的耐力運動員更善於面對現實，進而提升心理素質。我既身為職業耐力運動員，又深信接受、擁抱和因應現實是順利度過重大難關的要領，若在自己的訓練和比賽中不以超越現實者的標準為目標，未免太過愚昧。此次回歸鐵人三項賽，我試圖藉由此種方式體驗更別具意義的歷程，同時也希望向大家證明，成為超越現實者，不一定得要有世界一流的天賦。

某種程度而言，我早已踏上此段歷程一段時間。打從二十多歲起，我便一直在探究耐力運動心理學領域，並致力於強化自身的心理素質。然而，直到最近，超越現實主義（ultrarealism）如此獨特且具體的觀念，才在我腦海中成形。此次首度回歸鐵人三項賽，是我第一次測試此觀念的機會。而觀念至關重要。例如，立志成為優秀童軍與日常行為有意識地遵守童軍誓言，兩者天差地別。截至目前，我的運動生涯一直有一個志向，就是練習多年來習得的各種心理素質技能；但是，眼下的我所追求的是，有意識地堅守本身所謂的超越現實主義教條：「無論情況多糟，任何處境下都要接受、擁抱和因應現實。」

光是思維的轉變對我就已有所影響。倘若我沒有遵循超越現實者的教條，現在大概會把時間和精力浪費在擔心目前的身體條件限制上。反之，我一直將注意力聚焦於眼前的現實：一、我有充足時間能提升游泳表現；二、我右膝的問題對於達成目標所需的騎行品質，不太可能是永久障礙；三、只要有耐心，我的跑步表現肯定能恢復水準，只要別在只有九成準備的情況下，貿然進入十成十的訓練。

我清楚區分自己能掌控和無法掌控的部分，試著不去擔憂不確定因素，正因如此，我可以確定，自己在回歸鐵人三項賽的早期階段，至少比原本設想地更享受這段過程。以此種方式效法超越現實者和其他人的思維和行為，是否真的有助於比賽的最終結果，唯有待時間證明。

2 視而不見與未知的區別

人自欺的潛力無窮。

——羅伯特・崔弗斯（Robert Trivers），知名演化理論學者

凱特・蔻特妮（Kate Courtney）二〇一八年的新年願望是，希望自己能每天早晨進行冥想。她心願中的冥想部分並非新鮮事，凱特從大學以來一直斷斷續續有冥想的習慣，難就難在每天早晨的部分，是這位二十二歲的美國越野登山車好手必須格外努力之處。這次，凱特鐵了心要貫徹到底，不僅如此，她也夠聰明，心知自己無法單憑意志力達成目標，所以，她採取了一些例行公事（如晚上時將手機請出臥室）作為睡前儀式，而且不像過去有時把這些變成了苦差事，結果大有成效。

冥想的方法不勝枚舉，凱特選擇的是正念冥想（mindfulness meditation）。此種冥想方式必須先清空時常佔據腦中的各種嘈雜聲音，專注於構成當下體驗的原始知覺。換言之，正念冥想就是以開放的態度、不加過濾地接收當下的現實情況。有時，為了加點變化，凱特會一邊靜坐，一邊聆聽卡巴金（Jon Kabat-Zinn）的冥想指引。卡巴金是《正念療癒力》（*Full Catastrophe Living*）一書作者，也是麻州大學醫學院減壓門診（Stress Reduction Clinic）創辦人。據其研究顯示，正念訓練可培養人**接受和擁抱「充滿災難」的人生的能力**，減少我們浪費時間精力反覆思索，希望事情有所不同，進而幫助減輕壓力，並改善整體心理健康。

凱特沒多久便注意到自己的睡眠品質明顯改善。隨著時間推移，她也開始領略到其他益處，像是自我意識的強化，讓她在部分情況下有意識地退一步，發自內心思考，選擇更有助益的想法、情緒和行動，而非僅是單純地對事情做出反應。

盡管凱特感受到了新生的、不受外部環境影響的獨立性，但這對她在賽道上的表現究竟有何影響，依舊有待觀察。不幸的是，二〇一八年賽季還未開始，她的膝蓋就在美國太浩湖（Lake Tahoe）的高原訓練營中受傷，造成她的訓練突然中斷，也不得不缺席南加州的一場比賽，更別說她的歐洲世界盃比賽計畫自然也有所衝擊。所幸，凱特在支援團隊的協助下，迅速恢復了健康。她在訓練營的最後一週，密集進行了原訂兩週的訓練。即便如此，凱特依舊憂心自己準備得不夠充分，不確定自己的身體狀況，但她還是在七月初登上了飛往義大利特倫蒂諾的班機，前去參加在瓦爾狄索爾舉行的世界盃登山車賽。

多數與凱特陷入相同處境的運動員約莫會焦慮不安，若同樣的情況發生在一年前，凱特同樣也會憂心忡忡。然而，冥想教會了她以感恩的態度來面對充滿考驗的時刻。她在東行的長程飛行中，正是如此提醒自己。正如她後來在部落格文章所述：「數週前，我還坐在沙發上冰敷受傷的膝蓋，不知何時才能再騎車；可是，現在我卻正前往世上數一數二的人間仙境，並且有機會發揮所長。」

凱特帶著相同的態度來到賽場上。「舊」凱特也許會煩悶苦惱，憂心自己無法像從前一樣角逐頒獎台；但「新」凱特卻選擇轉念，把自己視為比對手更「菜」，而非身體素質有落差，並將比賽日視為一次練習以智慧競技的機會。起點上的她跨坐在自行車上，感到平靜、毫無壓力。起跑的號角響起，凱特小心翼翼地出發，格外專注於補充水份和熱量、利用下坡恢復體力、為最後一圈保留精力等細節，藉此彌補自己的準備不足。事實證明，她所保留的精力派上了用場，凱特在最後的賽段超越了德國選手伊莉莎白·布蘭道（Elisabeth Brandau），獲得了第七名。若是在其他情況下，凱特也許會認為如此的成績令人失望，但如今卻將此視為自己精神上的重大勝利。

隨著凱特持續進行冥想練習，她也益發善於調整心態，來為自己取得競爭優勢。她在另一篇部落格文章中寫道，

> 倘若我比賽的狀況不佳，而且排名落後了好幾位……我也許會轉移注意力到可控的事物上，如盡力在這一圈中盡善盡美地完成所有的技術與技巧、專注於順暢地騎行路線或甚至只是超越一名選手等等。專注於這些小細節幫助我重新找回比賽的節奏，

對於長距離比賽往往有著舉足輕重的影響。

二〇一八年九月八日，UCI世界單車登山錦標賽於瑞士倫策海德（Lenzerheide）舉行，比賽進行至最後一圈時，凱特發現自己位居第二，僅落後丹麥好手安妮卡．蘭沃德（Annika Langvad）二十秒的距離。一般情況下，無論任何選手，約莫會將注意力全部集中於超越前方的選手上，但凱特維持原定計畫，全神貫注於拿出媲美金牌表現的騎行，而不為了奪金而騎，結果，她的堅持果真有所收穫。凱特依計畫所保有的實力，再度讓她在最後一圈大顯身手。比賽全程九十五分鐘，她在剩不到八分鐘的路程中，追上了安妮卡，使得這名丹麥選手慌亂失措，一個不小心前輪被裸露的樹根絆住，因而被迫鬆開鞋短暫停車。與此同時，蔻特妮則繼續前行，彷彿獨自一人般地尋求自己的最佳表現，她看也不看地就超越了對手，成為十七年來首位美國越野登山車世界冠軍。

第一位超越現實者的誕生

別擔心，我並非想說服你練習冥想，凱特・寇特妮雖然藉由冥想增強自己的心理素質，或提升自我面對現實的能力，藉此化挫折為轉機，但也許這只是她使用的眾多工具之一。

據我所知，我是世上首位、也是唯一以此方式看待心理素質的體育系學生。你也許認為僅有一人相信的方法，不值採信。其實，我用來定義心理素質的核心學問，早已存在數千年，精神領袖、哲學家、心理學家等人也以各種不同方式闡述過，當然也不乏教練和運動員。更甚者，近年來，我所提出的超越現實主義，其概念基礎已透過神經科學甚或物理學的尖端研究，意外地獲得佐證。本章的目標是向各位顯示，**儘管我採用了特定用語**，但我並非唯一一人相信：心理素質的養成關鍵，在於充分運用困境的能力，而這主要必須透過接受、擁抱和因應現實，希望經由我的說明，你也會相信成為超越現實者是值得追求的目標。

本章開頭以凱特・蔻特妮利用冥想練習面對現實為例，其來有自。根據我所定義的用語，世上首位已知的超越現實者，正好與正念冥想的推廣者同為一人。據聞我們已知的佛陀，又名悉達多（Siddhartha Gautama），生於西元前六世紀的喜馬拉雅山麓。悉達多擁有皇室血統，他的父親對兒子過度保護（現今對其母一無所知），試圖保護他免於見聞任何形式的悲慘或厄運。然而，悉達多與世隔絕的生活僅維持至成年，備受寵愛的他開始在宮牆外的世界四處走動，結果，一時間目睹了病人、老人和一具屍體三件深深震撼他的事。諷刺的是，正因悉達多多年來被隔絕遠離生活中的不幸，所以他才毫無心理準備，難以面對這些悲苦的景象。結果他情緒失控，遠離了家園，企圖尋找解決人類苦難的辦法。

悉達多費了些時間，沿途也犯過些許錯誤，但最終，他透過了冥想頓悟，繼而獲得內心的平靜。他所領悟的道理是，渴望或希望事情有所不同，是所有痛苦的根源，而幸福的祕訣就在於捨棄慾望。佛教經典中，有句梵文名言「drishta dharma sukha viharin——現法樂住」，意思為「安樂地居於當下」。正念冥想成為佛陀放棄世俗繫絆的主要工具，他發現正念冥想有助於鍛鍊心靈，讓人能發自內心單純、被動地接受特定時刻發生的事。

開門見山來說，佛陀假定**「希望事情有所不同」是所有痛苦的根源，而學習接受現實乃幸福的祕訣**，此一假設要麼是對，要麼是錯。若他所言屬實，其他智者想必也是殊途同歸，事實上正是如此。西元前三世紀的斯多葛派哲學家正是一例，他們雖使用了不同的語彙和概念，但闡述的主張卻無異於佛陀三百年前所教導的重要見解。

斯多葛主義創立者為季蒂昂的芝諾（Zeno of Citium），他逝世後的傳記作者第歐根尼·拉爾修（Diogenes Laërtius）指出，芝諾在塞浦勒斯長大，但年輕時不幸遭遇海難，堅忍不拔地來到雅典，據聞他後來表示：「縱使遭遇海難，我依舊享受這趟歷程。」芝諾後來在雅典發展，並透過露天講座傳揚理念，他的理念也以相同的心態為特徵。儘管他本身的著作並未沿流後世，但透過第歐根尼，我們得知芝諾將幸福定義為「順適生活」（a good flow of life），在此，他所指的是順應自然而活。現代對於「斯多葛主義」一詞的定義是——無視痛苦與不幸，正是源自於此種順其自然的概念，芝諾稱此為順性的恰當行為（kathekon）。因在他看來，自然是盡善盡美的，因此，所有發生的一切絕非意外，也都是其來有自。因此，比起試圖改變現實來合乎自身所想，最好是改變自身想法來因應現實。芝諾鼓吹：「欲勝人者，必先自勝。」

斯多葛主義一直延續至西元二世紀，隨著代代主要思想家的傳承，教條不斷演變。晚期的斯多葛學派有位代表性哲學家愛比克泰德（Epictetus），他的人生經歷形塑了對傳統的獨特看法。愛比克泰德生而為奴，幼時被賣到羅馬，腿受了重傷，但成年後，憑藉著驚人的智力天賦成功獲得解放。他比芝諾更絕對，愛比克泰德教導，無人能真正掌控外部事件，希望好好度日的人應當全然專注於控制自身想法。他如同芝諾，並未留下任何傳世著作，但其門下弟子記錄了他的諸多言論，並彙編至經典著作《生活的藝術》（*The Art of Living*）一書中。我個人最偏愛的金句為：「人所擔心的，並非實際問題，而是對實際問題想像而出的焦慮。」

解決實際問題得先接受和擁抱現實，此一理念在後續的哲學學說中反覆出現。十九世紀中葉，美國盛行的超越主義（transcendentalism）便是一例。超越主義深具代表性的美國思想大家愛默生（Ralph Waldo Emerson）於一八四一年寫了篇名為《自立》（*Self-Reliance*）的雜文，任何有心實踐超越現實主義的人都應當一讀。愛默生在文中告誡我們，切莫過於仰賴稱心如意之事。他寫道：「勝選、租金上漲、病後復原、故友重逢或其他順心遂意的事，全都讓人心情振奮，認為時日正好。千萬別輕信，除了自己，無人無事可為你帶來平靜。」

運動場上的超越現實主義

體育界可謂生活的縮影，對人的考驗也類似人生的磨練，幫助人面對世事無常的特質，同樣也有助於我們應付賽場上的挑戰。因此，體育界不免也會培育出自己的超越現實者。其中最初、最引人注目的，便是澳洲田徑教練珀西．切魯迪（Percy Cerutty）。他擁有非比尋常的人生經歷，因而成為田徑跑步界最具代表性的人物。

切魯迪生於一八九五年，經歷了悲慘童年。他還不到一歲，便差點死於食物中毒。此後不久，切魯迪的母親帶著六名子女離開了酗酒的丈夫，他剩餘的童年就在赤貧中度過。切魯迪長期營養不良，直到青少年時才吃過水果，罹患過雙肺炎（double pneumonia）和其他疾病，肺部因此留下永久性損傷。第一次世界大戰爆發時，他不出所料地因為身體狀況而免疫，自此健康狀況也每況愈下，老毛病增加，其中包括了消化問題和偏頭痛。

擔任郵務人員的切魯迪在四十三歲時，因為枯燥乏味的工作陷入憂鬱，身心徹底崩潰，被迫留職停薪六個月，在此期間，他的體重下滑至四十五公斤左右。一名醫生告訴切魯迪，他在兩年內命不久矣；但另一名醫生卻持不同意見，他要病人決定自己的命運，並奉勸切魯迪：「你必須自救，若你還想為自己努力，就會憑著一己的意志和心志從床上起身。」

不知何故，這番話起了作用，觸動了切魯迪靈魂深處的力量，激發了他的人生精彩再起。從床上起身只是開端，接下來的數週和數月，切魯迪成為純素主義者，開始練舉重，廣讀哲學和宗教書籍，並沿著澳洲南岸徒步健行了五百英里。切魯迪在學時曾是田徑運動員，他以全新的心態和自己發現的方法重返此項運動，並在五十二歲時以兩小時五十八分十一秒的佳績完成馬拉松賽，創下澳洲維多利亞州所有分齡組跑者的最佳紀錄。

約在同一時間，切魯迪在澳洲波特西海濱置產，目的是為他訓練的跑步運動員舉辦訓練營。切魯迪將此處命名為穀神星（Ceres），他不僅讓運動員在此接受各式訓練，還教導他們一種他稱為斯多達主義（Stotanism）的哲學，此種哲學結合了斯多葛主義和古代斯巴達社會簡單、苦行的生活方式。加入訓練營，便意味著報名參加赤腳跑步、原始飲食、睡上下舖、每日閱讀哲學和詩歌，以及放棄現代舒適、娛樂和便利的生活。

切魯迪的復出讓他認識到，依賴就是一種弱點。**我們選擇需要的東西越少，越少依賴舒適、有利的順境來獲得心靈平靜，就越能控制自身的想法、情緒和行為。**他教導：「苦痛是人生的淨化器，要迎向苦痛，喜愛苦痛，擁抱苦痛。」

採用此法的人之中，有名桀驁不馴的十八歲青年，名叫赫勃．艾略特（Herb Elliott），是斯多達主義最成功的實例。他創下一英里和一千五百公尺賽跑的世界紀錄，並於一九六〇年奧運一千五百公尺賽跑中奪冠。赫勃曾如此評價他的教練：「他訓練的是你的心志。體能本身也許只需兩個月就能提升，其餘時間都是在鍛鍊你的心志（或稱膽識或某種內在力量）；然後，不知不覺中，便會在賽場上為你帶來助力。」

切魯迪的訓練中，其中一項主要內容是赤腳衝上陡峭的沙丘，一趟又一趟，直到跑者倒地為止。雖說切魯迪有時也會親自下場，但他更常是站在一旁觀察，並向那些辛苦受訓的運動員喊話：「快點，不過就是痛苦而已。」依我之見，世上再無任何一句話，能更簡潔道出超越現實者看待痛苦的態度。

我們先前曾提及馬拉松選手埃里烏德．基普柯吉，他也許可說是當今最信奉超越現實主義的運動員。埃里烏德是公認有史以來最偉大的馬拉松運動員，除了一場比賽之外，他在所有參加的馬拉松賽上，均奪得冠軍，還是全馬官方（兩小時一分四十秒）和非官方（特殊計時賽記錄：一小時五十九分四十秒）世界紀錄保持人。此外，他也很富有，尤其從其祖國肯亞的標準而言，但從他的生活方式，卻很難看出這點。

埃里烏德生長於一個小村莊，由單親母親撫養長大，他從鄰居家收集牛奶，在當地市場叫賣，以幫助維持家計。時至今日，他已是千萬富翁，但在馬拉松訓練期間，仍選擇類似當年清儉的生活方式。埃里烏德必須開始認真訓練時，會離開與妻子和三名子女在埃爾多雷特市的家，上山去卡普塔加特的高海拔村莊，在一個類似穀神星訓練營的地方生活。訓練營由他長年合作的教練派翠克·桑（Patrick Sang）經營。基普柯吉選擇和室友一同睡在鐵皮屋宿舍，每日清晨五點起床，六點就開始跑步，其餘時間就吃些簡單的肯亞傳統食物，如無調味的玉米粉糕烏嘎哩（ugali）；然後休息和小憩；接著再跑些步；閱讀哲學和心靈勵志書籍，包含孔子、亞里斯多德、柯維（Covey）；為受訓的年輕夥伴提供諮詢（他們為他起了個綽號，稱他「哲學家」）；做點家務，如烹飪、園藝和擦馬桶。

埃里烏德做這些事，並非因為他喜歡睡在鼾聲大作的隊友旁邊，或喜歡擦洗馬桶座邊殘留的穢物，而是因為他和佛陀、芝諾、愛比克泰德和切魯迪一樣，相信成功和幸福源於自制，而自制是將外在的慾望、願望和需求降至最低。他在二〇一八年英國牛津大學辯論社（Oxford Union）的演講中說道：「唯有自律的人，才能享受自由的生活。人若無法自律，就會成為情緒或熱烈情感的奴隸，這句句屬實。」

如同冥想，苦行的生活並非培養超越現實精神的必要工具，但超越現實者經常藉此鍛鍊自我有其原因。人一旦放棄物質享受，選擇省吃儉用，在訓練或比賽中出現意外情況時，就能更不慌不亂地妥善應付。請你不妨自問，跑鞋在馬拉松賽中突然分崩離析時，誰更可能泰然自若：是「需要」電視和軟床的運動員，還是不需要的人？

二〇一五年，柏林馬拉松開賽後不到六英里，埃里烏德的耐吉跑鞋鞋墊便脫膠，並開始鬆脫；到了比賽中段，他的鞋墊在鞋子兩側晃來晃去，有如活生生、試圖逃脫的小動物。埃里烏德的左腳起了嚴重的水泡，大拇指上有一處傷口。跑者多半深知帶著熱焦點（hot spot）跑步有多痛，但用沾滿鮮血的腳、以每英里四分四十五秒的配速跑步有多痛苦，卻是少有人知。儘管痛不堪言，埃里烏德還是按照原訂計畫完賽，在三十公里處衝刺，並在擁擠的跑道上一馬當先，最後以八十一秒的領先成績取勝。

埃里烏德後來告訴記者：「這是一雙好鞋，我在訓練時測試過這雙鞋，但這就是比賽，我必須接受現實，我的腳當然很痛，但還能怎麼辦呢？我還是必須完成比賽。」

相信不用加以強調，你也能看出埃里烏德的反應與多數面臨相同情況的選手相較，多麼截然不同。我敢打賭，十之八九的人會心想「我不敢相信，竟然發生這種事！」──此番話語也流露出對現實的否認。但是，埃里烏德恰恰相反，跑鞋在比賽途中解體肯定讓他大感震驚、困惑和沮喪，但他只將此意外視為另一項挑戰，抑或更確切而言，是他參加的挑戰的一部分，因此也如同最後幾英里時的疲倦感一樣，在所難免。

這就是比賽。

我必須接受現實。

我必須完賽。

超越現實主義相關的科學理論

與此同時，珀西．切魯迪正向澳洲跑者介紹他的版本的超越現實主義，名為斯多達主義。對超越現實主義潛在真理的正式探索，也開始從宗教和哲學領域轉向科學。此一過程早期的重要人物為精神病學家威廉．葛拉瑟（William Glasser），他在一九六〇年代發展出了一套新的心理治療方法，名為現實治療法。

對運動員而言，葛拉瑟最為人所知的，莫過於撰寫了一九七六年出版的《正面成癮》（*Positive Addiction*）一書。他在書中探討了冥想和跑步之間的共通點，葛拉瑟的研究發現，兩者都會引發精神狀態的改變，對某些人而言，可能會成癮，只不過有別於其他成癮情況，此種成癮有助於增強個體能力，而非削弱個體能力。然而，在行為健康領域，葛拉瑟最偉大的遺產是現實治療法，此種務實的心理諮商方法，起源於葛拉瑟在職涯早期對主導心理學領域的佛洛伊德學派感到幻滅。

佛洛伊德首創精神分析法，主要涉及深刻探究患者的過去，以找出病患當下不滿的根源，其根本信念為：了解問題根源將有助於患者擺脫問題的影響。然而，葛拉瑟根據自己的臨床經驗，卻發現事實正好相反。此種方法通常只是免除了患者對當前行為的責任，因而也免去了患者改變行為的權力。相較之下，現實治療法注重的是要求患者承擔責任。葛拉瑟在原著中對此議題寫道：「任何不負責任的行為，（現實療法）諮商師都不會接受，他們讓病人面對自己的行為，並要求患者自行決定是否採取負責任的做法。」

現實療法的理論基礎是選擇理論（choice theory），這也是多產的葛拉瑟的其中一項主張。選擇理論認為，所有**人類均有特定共同的基本需求，而導致個人尋求諮商的任何感受或行為，都源於此類需求未能獲得滿足**，像是愛、認可或事業成功等等。強者和弱者都有無法滿足自身需求的時候，但在葛拉瑟眼裡，強者（心理健康的人）願意為自己的失敗承擔責任，調適並採取相應的行動；而弱者（心理較不健康的人）則無法接受失敗，轉以退縮或酗酒等不良行為來逃避現實。葛拉瑟寫道：「在無法滿足自己需求的案例中，無論患者選擇採取何種行為，都有一共同特徵：他們全都否認眼前的現實……當患者放棄否定現實，並意識到（現實不僅）存在，而且他們必須在此前提下滿足自身需求時，治療才有機會成功。」

從上述不難看出，葛拉瑟的現代思想其實與佛陀的古代智慧相輔相成。佛陀認為，痛苦源於錯誤的信念，誤把自身的慾望當成實際的需要。葛拉瑟指出，反之亦然：我們無法滿足自己的（真實）需求時，有時會導致自我欺騙，希望藉此掩蓋令人痛苦的事實。多數心理治療法都會涉及幫助患者擺脫自欺欺人，然而，現實療法的不同之處在於，讓患者停止欺騙自己是此方法的核心。現實治療法的主要目標，就是讓人停止自欺，實事求是地著手解決實際問題。無論在最初接受現實會帶來多大痛苦，現實治療法專家也是斷不容許患者透過否認來逃避現實。

這聽來或許有些苛刻，但事實恰恰相反。現實治療法的非官方座右銘是：「不批判，不找藉口，永不放棄。」現實治療師極力避免讓患者因自欺欺人或無能滿足自身需求而感到羞恥。他們之所以強迫患者不帶偏見地面對現實，目的是為了訓練患者，視所有現實為可接受的，讓他們不害怕面對真相。畢竟，無論不樂見的情況為何發生，都存在一項不容置喙的事實，即我們必須負責去盡力化解；在困境中，越快能不再逃避正視自己的角色，就能及早停止找藉口，擁抱自身扭轉頹勢的力量，盡力而為解決問題，而不是一心希望情況有所不同。

根據我的經驗，運動員遇上難關且難以應付時，總會產生某種形式的自欺；除非他們停止自欺欺人，否則任何解決方案都行不通。因此，我也在教練生涯中發現，現實治療法十分管用（葛拉瑟本人堅稱，無論是誰，只要經過些許訓練便能執行此療法，無需像他一樣具有博士學位）。

舉個例來說，卡菈聘我來訓練她，她先前第一次參加半馬時，碰到了突發的健康恐慌，因而被診斷出患有創傷後壓力症候群（ＰＴＳＤ）。她找上我時，已另聘了一名心理學家來協助治療她的嚴重壓力疾患；而我的工作就是訓練她，幫她二度挑戰前一年以慘敗告終的同一賽事——這也是卡菈康復的一大里程碑。

我們才合作了幾天，卡菈的病症就復發，起因是一名婦女在跑步時遭到猥褻，地點就位在卡菈經常練跑的社區。這起事件震驚了當地跑步界，但無人所受的打擊比卡菈更嚴重，她發現自己無法進食或入睡，甚至懷疑自己能否完成一週的訓練。

我並非心理學家，也從未經歷過卡菈第一次參加半馬時的情況，盡管如此，當她告訴我，她覺得自己最好先休息幾天時，我不禁懷疑，她也許在欺騙自己。她認為自己得先「消化一下」發生的事，恢復正常的飲食和睡眠，然後才能再進行跑步訓練，但我的直覺是，這些都是藉口，真正的問題在於卡菈自己對跑步的恐懼，而這種恐懼早在猥褻事件發生前就已存在。

我們透過視訊進行討論。我給了卡菈一點空間，讓她好好表達自己的憂慮，同時認可她想休息幾天也許是正確的做法，據我所知，事實也確實如此。然後，我請卡菈給我一個理由，說明為何她**最好不要**暫停訓練；經過一番誘導，她娓娓道出了我直覺想到的事。我向她表明，暫不暫停訓練都可以，不過她得自己決定。可是，我唯一的堅持是，她在做抉擇時，必須對自己完全坦誠。卡菈曉得我在評估此事時，不帶任何批判，她也明顯地鬆了一口氣。最後，她決定繼續訓練，而且她還選在事發社區進行下一次練習（犯案兇嫌已逮捕）。這當然絕非易事，但卡菈挺了過來，並且為自己深感驕傲。不僅如此，卡菈最後也在上次慘敗的賽事上大獲全勝。

我並非在推銷正念冥想、現實治療法，它在我幫助運動員面對現實上很有效。自現實療法一九七〇年代的全盛期以來，臨床心理學轉向實證領域發展，同時產出了諸多科學研究，驗證了面對現實對於個人立身處世的重要性。其中，以此類研究為基礎的一項新療法，就是接受與承諾治療（Acceptance and Commitment Therapy，ACT），方法是讓患者接受訓練，以接受負面情緒，並將情緒與問題根源區隔開來，避免患者反射性地做出反應，而是以更理性的方式來解決根本問題。「ＡＣＴ」一詞，除了縮寫以外，也有另一層用意，用於說明療法的三個步驟；而且，ＡＣＴ三步驟與超越現實者充分運用困境的三步驟完全相符：

接受（Accept）自己的反應，活在當下（接受現實）

選擇（Choose）有價值的方向（擁抱現實）

採取（Take）行動（因應現實）

研究顯示，接受與承諾治療可有效幫助人克服各種恐懼、焦慮和厭惡，包括對耐力運動帶來不適的憎惡。其中一項研究由加拿大麥克馬斯特大學（McMaster University）的伊蓮娜・伊凡諾娃（Elena Ivanova）教授主持，二〇一五年發表於《運動醫學與科學》（*Medicine & Science in Sport & Exercise*）。此項研究的對象為三十九名女性受試者，年齡介於十八歲至四十五歲之間，受試當下並未加入固定的運動方案。實驗第一部分是，讓受試者以八〇％的最大功率輸出踩健身腳踏車，直到精疲力盡為止。結果，平均續航力約為六分半鐘。隨後，半數受試者會上一堂四十分鐘的接受與承諾治療課程。課程有兩大目標，一是「幫助受試者將體感（如疲憊的雙腿）與本身想法（如「我得停止運動」）和行為（如放棄運動）分開」；另一是「提高受試者的意願，去體驗有價值行為（如運動）的後果，但此一行為也許會帶來身體的不適感，卻不試圖去改變、控制或消除它們」。

實驗最後一部分是，重複健身腳踏車測試，相信你約莫已猜到結果。上過接受和承諾技巧課程的女性受試者，儘管體能沒有變得更好，但平均續航時間比第一次測試時增加了一五％。相較之下，對照組的表現比之前稍差。此外，實驗組的受試者也表示，測試時感覺到的辛苦程度降低，但運動後感受到的「愉悅感」程度較高。

不論是運動新手或各種層次的職業選手，身體的不適感都會限制表現，就連最頂尖的運動員也在所難免。因此，不適感可說是普遍存在並可能阻礙運動表現的因素。無論你現階段的心理素質為何，只要願意更全然地面對現實，接受運動相應的不適和其他負面感受，心情便能好轉，表現也會更加提升。

順應自然的好處

最近在腦科學的新發現也進一步證實了佛陀的真知灼見，即「預測處理」（predictive processing），該理論說明人在正視現實時為何感覺和表現更佳。預測處理理論由英國神經科學家卡爾・弗里斯頓（Karl Friston）提出，主張人類心智基本上是一個預測引擎，主要工作是顯現未來可能發生的事，以有效引導行動。大腦的預測越準確，基於這些預測的行動就越有效，而執行這些行動的人就越可能在世上生存和蓬勃發展。

預測處理理論與傳統觀點截然不同。傳統認為，大腦的心智功能主要是反應性的。在弗里斯頓之前，視覺、聽覺和其他知覺被認為是用來接收關於當前現況的訊息，以便人能做出適當反應。然而，根據預測處理模型，人體感知的主要功能是，辨識預期情況（根據過往感知經驗所收集的資訊）與實際現況之間的落差。然後，這些辨識出的差異再被用來優化未來預測。

預測處理理論獲得了快速擴展的神經科學研究支持，顯示意識的確是以預期為基礎。例如，研究證明，大腦的報償系統（reward system）正是以此種方式運作，當預期報償和實際報償之間有落差時，多巴胺神經元便會將差異編碼，以優化未來的報償預測，並引導未來行為。預測處理理論並非完全毫無爭議，然而，若此理論對意識的解釋多少有些正確，我們便不難理解，不論是宗教、哲學和心理學（以及運動）領域，為何偉大的名人智士的論述總是殊途同歸，即成功的關鍵在於永遠不要與現實脫節。傳統的意識理論觀點中，人對現實的看法主要基於他們的所見所聞，而成功則取決於如何根據眼耳接收的資訊，選擇最佳反應。然而，根據新理論的觀點，視覺和聽覺的主要功能在於，測試我們對現實的認識程度，而成功的行動則是取決於我們實際執行的程度。

耐力賽是預測處理實務上的典型範例。任何長度的比賽，只要足以讓疲勞成為限制表現的要因，都可定義為耐力賽，選手最後必須以略低於最高速的速度，在最短時間內抵達終點線。此類比賽中，選手必須控制自己的配速，在因疲勞而出現減速的情況前，維持足夠的體能，直到抵達終點。有效的配速多半仰賴感覺，沒有任何裝置、測試或計算器可以告訴選手比賽中的每時每刻得跑多快，才能在最短時間內抵達終點。

一場完美配速的比賽，指的是選手全程保持十分穩定的速度（可根據地形和其他情況調整），並且在衝過終點線時，感覺有如快要撞到牆一般。每場比賽開始時，完美的執行都是潛在的現實。隨後，選手嘗試透過預測處理，來實現可能的現實，在此情況下，跑者每分每秒都必須不斷摸索，調整正確的速度，直到抵達終點。

完美配速在較長距離的比賽中，更是難上加難，但有些運動員的表現卻格外出色。二〇一四年，美國馬拉松好手梅伯．柯菲斯基（Meb Keflezighi）在波士頓馬拉松的獲勝表現正是一例。開賽七英里後，梅伯採取了驚人之舉，一舉超越領先群，並在接下來的十一英里，建立起了領先九十秒的優勢。到了十九英里時，後方跑者急起直追，肯尼亞選手威爾森．契貝（Wilson Chebet）在最後衝刺階段將與梅伯的距離拉近至十一秒，但這已是他所能逼近的最小差距。梅伯成為三十一年來首位獲得波士頓馬拉松冠軍的美國選手，他在這場比賽中達到了完美配速的兩個條件，下半場速度僅比上半場快了五秒；其次，他在最後階段雖受到追趕且疲憊不堪，卻仍維持著穩定速度，並未加速或減速。

完美配速的耐力賽到了後期階段，絕對稱不上有趣。然而，這些比賽依舊廣受歡迎。每年，有三萬名來自世界各地的跑者參加波士頓馬拉松，人人都期待著筋疲力盡地完賽，更遑論還有數十萬人試圖取得參賽資格。預測處理理論解釋了人們為何深受耐力賽吸引。**耐力賽本質上就是配速的藝術，透過此種形式，來完成大腦存在的任務，即運用感知來預測未來現實**，使行動與現實一致。耐力賽盡管千難萬難，但卻讓許多人趨之若鶩，原因在於，更深層而言，這符合了我們與生俱來的天性。

卡爾．弗里斯頓不僅提出了意識的預測處理模型，他還是發展自由能原理（free energy principle）的先驅。自由能原理為一數學概念，最初源於物理學，但弗里斯頓和其他人認為，相同原理也適用於生物界，可用以解釋一切生命。簡言之，自由能原理假設，小至單細胞的原生動物，大至擁有千億細胞的人腦，各種生物體均以數學上可預測的方式運作，以盡可能地減少自由能，也就是縮小預期現實與實際現實之間的差距。這一原則對所有生命形式的生存和運作至關重要，生物體必須維持內外狀態的清楚區隔，即明確區分自我和外部現實。為了做到這一點，生物體必須不斷調整內在模型，來適應外部現實。例如，虛擬實境遊戲正好大力支持了自由能原理。虛擬實境遊戲中的代理設計，就是透過盡量減少預測錯誤或意外來學習，因此，按照自由能原理運作的代理通常優於以其他方式設計的代理。

為何並非人人都是超越現實者？

且讓我們複習一下：兩千四百多年前，印度的靈性探尋者發現，幸福的祕訣在於不去冀望事情有所不同。接下來的幾世紀裡，包含希臘的斯多葛學派在內等諸多思想家，也得出了相同道理。二十世紀以來，許多教練和運動員也意識到，面對現實不僅可消除慾望，促進幸福，還能增強個人滿足慾望（如在比賽中得勝）和需求的能力；葛拉瑟等心理學家也從臨床觀察上證實了同樣結果。神經科學和其他硬科學的最新進展亦顯示，生物體解讀現實的能力以及能否與現實保持一致，是在世上生存和繁榮發展的關鍵。現在，我將此概念稍加變化，並應用於運動場域，提出心理素質本質上就是——無論情況多糟，個人接受、擁抱和因應現實的能力。

倘若我所言屬實，你也許會心想，那為何有如此多的運動員難以面對現實？為何不是人人都是超越現實者？不妨繼續讀下去。

距離聖羅莎國際鐵人三項賽六個半月

就算我從前不曉得，現在也已明瞭：承諾自己不會自欺，比實際上不自欺更容易。今天，我擔心自己的鼠蹊部會出大問題，而這一切，都是因為我沒有接受明擺在眼前的現實。

寫下這些字句時，我正坐在家父位於羅德島北金斯敦家中的辦公書桌前，斜瞰著納拉甘塞特灣。自打家母去年被診斷出罹患阿茲海默症以來，我常去探望父母，約每八週一次。而且，我無意因為準備復出鐵人三項賽，就破壞自己的承諾。在此，截至目前，我所做的都是心目中超越現實者在我的立場會做的事。我不再擔心自己頻繁往返該如何維持訓練，反而是挑戰自己，要自己找到實行的方法。

碰巧，家兄喬許此時也來探視父母，他從奧勒岡州塞勒姆獨自前來。我們兩兄弟過去曾一起跑步很長一段時間，此次我們之所以在同一時間探視父母，就是希望能再一起跑步，就在我倆數十年來一起開心跑過數百英里的地方。事後看來，我當時熱切期盼重建我們兄弟的訓練夥伴關係，為我埋下了判斷錯誤的種子，導致自己陷入如今的處境。

此前，我一直非常小心。八月時，我為鐵人三項備賽進入第八週，因為一次受傷而飽受驚嚇，停跑了四週，我決心一勞永逸地擺脫發炎，於是用登高機步行代替我在這段期間無法進行的跑步。之後，我小心謹慎地慢慢恢復正常的跑步訓練，一切順利。九月二十九日，我緩慢、無痛地跑完了十二英里；十月七日跑完十四英里；六天後又跑完了十六英里。

今早的計畫是跑十八英里，前八英里我一個人跑，最後十英里是和喬許一起。剛出發時，我很保守，用七分四十三秒跑完一英里，接著讓身體自行決定配速。我覺得自己的狀態不錯，從再度開始跑步以來，感覺再強壯不過，而且，鼠蹊部的傷似乎很安分，沒出現疼痛，結果我越跑越快。

當我以七分十七秒的速度跑到六英里半時，突然感覺一陣刺痛，但不同於十四個月前第一次受傷時的痛，當時感覺像是被釘槍打到，而且留下了惱人的痠痛。獨跑剩下的一英里半中，我在心裡反覆思量，該繼續和哥哥一起跑完，還是中斷練習。我知道停步是明智之舉，但我不願錯過和喬許一起跑步的機會，更不用說錯過那十英里了。

最終，情感戰勝了理智，我繼續跑步，喬許要求放慢配速，考量到當時情況，我自然是欣然同意，但即便我們以每英里八分十五秒的速度前進，我在剩餘路途中，鼠蹊部依然疼痛不已；二十四小時後的現在，即便是走路，我也感到痠痛。因此，無庸置疑，我正考慮再度暫停練習，延長休息的時間。

超越現實者不太可能犯下如此明顯的錯誤。但是，既然犯了錯，我只能展望未來，並自問：若是超越現實者，現在會如何應對？我的猜測是，無論多大誘惑，他們必定都會誓言不再犯相同錯誤，所以，這便是我的做法。我相信，超越現實者面對相同處境時，會正視問題，因此，我也是如此。何況，情況原本可能更糟。此次的傷勢幾乎完全在掌控之中，我所要做的就是保持耐心和紀律——這次不只是在大半的康復過程中，而是必須全程如此。

如此的決心以及背後明確的願景讓我稍稍放鬆了些。我再度讓自己受傷，這點很惱人；更煩人的是，我有好一段時間無法跑步，盡管如此，我擁抱這個挑戰，以證明自己可以百分之百的恢復健康，而且不仰賴任何超出個人能力範圍以外的因素。如果我在這段歷程中，沒有刻意遵循超越現實者的教條，還會萌生如此心態嗎？我對此深感懷疑。顯然，採用超越現實主義並未阻止我犯下運動生涯中典型的錯誤。有鑑於此，我所進行的實驗截至目前應該仍稱不上全然成功；另一方面，從我應對此次失誤的方式來看，我認為，實驗也不算完全失敗。

3 接受現實，可能性為最大

無論當下情況如何，接受現實，如同是你自己的選擇一般。

——艾克哈特・托勒（Eckhart Tolle），當代心靈導師

珮特拉・邁迪奇（Petra Majdič）抵達加拿大卑詩省溫哥華參加二〇一〇年冬季奧運時，狀態極佳。這名三十歲的斯洛維尼亞越野滑雪好手，是女子競速滑雪項目奪冠的熱門人選。她六度登上頒獎台，包含在奧運前的八項世界盃賽事中三度獲勝。第五天早上，珮特拉從奧運選手村被送往附近的惠斯勒奧林匹克公園（Whistler Olympic Park），為當天的比賽做準備。對她而言，這意味著在四小時內進行四場競速滑雪賽（假設她持續挺進的話）。開始練習時，她超越了數名男性選手，她的教練伊凡・胡達齊（Ivan Hudač）在一旁觀看，努力維持著一張撲克臉——他知道，她已蓄勢待發。

然後，禍從天降。就在資格賽開始前幾分鐘，珮特拉在一・四公里長的賽道上滑行，突然間在結冰的彎道上失去控制，滑入十呎深的溝壑，落在岩石河床上。珮特拉背部一陣劇痛，反射性地發出一聲哀嚎，傳回了她剛剛消失的地面，吸引了大批救難人員湧向火山口邊。可是，珮特拉並未靜候救援，而是絞盡腦汁，使勁爬上白雪皚皚的絕壁，整個身體右側如火燒般地灼痛，她不停對著在上頭迎接她、苦惱的賽事人員重複同樣的話：「帶我到起跑線！」

珮特拉後來受訪時表示：「那一刻發生了太多事情。」她甚至連放棄參賽的念頭都沒想過。事實上，她的一生幾乎都在那一刻閃過。珮特拉的家鄉在斯洛維尼亞阿爾卑斯山小鎮卡姆尼克，她從小在農場長大，以她的運動野心而言，她幾乎毫無優勢可言。首先，斯洛維尼亞從未有過越野滑雪奧運獎牌得主；再者，在這個降雪如此之多的國家，提供給有抱負的年輕滑雪選手的發展資源，可說是少之又少；回到家裡，珮特拉從父母那裡獲得的支持更少，他們認為，滑雪無聊又浪費時間，只會讓她和兩個兄弟分心不好好從事繁重的農務。珮特拉的母親以不切實際的「唐吉軻德」來戲稱她——唐吉軻德幻想自己是對抗巨人的騎士，一路上鬧出了諸多荒唐可笑的事蹟。但珮特拉很早便展現了足夠的決心和堅定不移的意志，因此，她的第一位教練羅勃．斯拉班賈（Robert Slabanja）終於說服她的父母，讓她能免去農事，而且他也與珮特拉擁有共同的信念，相信她的滑雪夢絕非癡人妄想。

一九九九年，珮特拉在世界盃初登場，一年後搶進前三十名；隔年，她登上頒獎台，並於二〇〇二年首度參加鹽湖城冬季奧運。可惜的是，由於經濟窘迫，她的裝備落後，訓練條件二流，旅宿還得自費等等因素，讓她想再進一步取得佳績，異常艱難。珮特拉意識到，她唯有克服劣勢取勝，才有機會以更齊頭的條件在賽場上競爭。於是，她拚命練習。

二〇〇六年，珮特拉終於贏得了長久渴望的世界盃冠軍，並因此在斯洛維尼亞軍隊謀得了一份閒職，同時還有新教練和全方位的後勤支援團隊。

二〇〇六年杜林（Turin）冬季奧運會上，珮特拉在十公里經典賽中，處於前十一名選手的領先群中，結果德國隊一名選手在賽道上一個踉蹌，與她相撞，她摔倒在地；最後，珮特拉重振旗鼓，以第六名完賽。可是，在此之後，珮特拉又等了四年，才有下一次（也許也是最後一次）為她的國家贏得第一面奧運越野滑雪金牌的機會。

然後，這次她遇上了惠斯勒的事故。珮特拉摔落山溝時，不僅是身體受到重創，雪板和兩根雪杖也摔斷了。所幸，賽事官員讓她最後上場，競速賽資格賽是計時賽制，運動員每隔三十秒下場，與時間賽跑。原則上，這讓邁迪奇有時間尋找新裝備，並重新修整；但實際上，她雖未經診斷，但傷勢嚴重，在等待上場時，行走坐臥，動輒都痛，她開始希望一切能趕快結束。胡達齊教練曾試圖說服她放棄比賽未果，終於輪到珮特拉上場時，他要她做做樣子，表示她並未輕易放棄就好，然後就去醫院，但她另作他想。後來，珮特拉在接受奧運頻道採訪時回憶：「我沒想過要奪牌，我只是不想放棄，所以放手一搏。」

當珮特拉假裝無事地走向起跑線時，其他選手和教練都難以置信，畢竟她發生意外的消息很快就傳開了。比賽一開始，猶如從高處縱身一躍，珮特拉盲目跳入了連自己都難以想像的痛苦深淵。她每呼一次氣，都會不由自主地發出一聲痛苦吶喊，當她撐著雪杖在賽道疾行，一旁滿心關切的觀眾悄然無聲。珮特拉衝過終點線時，倒臥在地，蜷成一團地痛苦呻吟。可是，她辦到了，晉級四分之一決賽必須進入前三十名，而邁迪奇獲得了第十九名。

她有七十五分鐘，為下一場磨難做好準備，其中泰半她都在現場行動醫療站的治療檯上度過。醫療站為小型設施，沒有X光機，因此僅能用較不可靠的超音波儀器來檢查肋骨骨折，結果沒有發現任何骨折，珮特拉因此獲准繼續參賽，但她需要攙扶才能離開治療檯，實在離奇。

珮特拉拒絕施打止痛藥，深怕這可能會影響她的表現，為了調控自己的忍痛能力，她決定不費心為半決賽熱身。比賽前幾分鐘，隊上的心理學家馬泰·圖沙克（Matej Tušak）決定另覓他法。

他問珮特拉：「妳的手臂痛嗎？」

她答：「不痛。」

他又問：「妳的腿痛嗎？」

答案相同。

圖沙克建議：「既然如此，把注意力放在手和腿上。」這劑藥方算不上猛，珮特拉再次忍痛完賽，並在終點再度倒地，但不知何故，她贏得了四分之一決賽，並晉級了半決賽。可是，珮特拉的疼痛逐漸加劇，在等待下一場比賽的兩小時中，她告訴胡達齊教練，她受不了了。正當她以為自己會得到感激的默許時，教練卻斥責她，出乎意料地大發雷霆，珮特拉大感震驚。

此舉也是圖沙克的主意。胡達齊早先曾找上他，詢問他該如何幫助珮特拉。圖沙克建議胡達齊，大聲訓斥珮特拉，激怒她，憤怒會導致腎上腺素分泌，釋放至血液中，掩蔽痛覺，這正是他們所需要的。

半決賽進行到一半時，珮特拉身體右側深處又是一陣劇痛，她持續往前衝向終點線，但肺部卻有如被一把刀刺穿，不斷感覺有如刀割。她必須獲得第一或第二才能直接晉級決賽，但她的速度慢了，只取得第四。雖然無法直接晉級，但珮特拉在第二輪比賽中，取得了兩名「幸運輸家」的第二個席次，總算是保全了決賽資格。她拚盡全力，為自己贏得了最後一次的折磨。

當天下午一點四十五分，也就是事故發生四小時後，珮特拉和其他五名選手一同站上了女子競速決賽的起點。她很實際，以她現在的實力，想超越挪威的瑪麗特・比約根（Marit Bjørgen）和波蘭的尤斯蒂娜・柯華齊克（Justyna Kowalczyk）根本鞭長莫及，但銅牌似乎還有機會。為了取得第三，珮特拉不僅要克服超凡的痛苦，還要戰勝極度的疲勞——歷經三輪比賽後，排山倒海的疲憊襲來。

比賽上半，珮特拉仍然深陷第四位，屈居瑞典選手安娜・奧森（Anna Olsson）之後，她努力控制著疲倦的身體，在急彎處轉向外側，差點二度偏離賽道。距離終點還有四百公尺，時間緊迫，珮特拉在最後一次的下坡，選擇比其他人多滑行一兩秒，讓自己多點時間喘息。然後，她竭盡全力衝刺，珮特拉的肺痛到想尖叫，她不停告訴自己，「妳可以的」。比賽終了，她成功了，珮特拉的雪板頂端比安娜先行突破終點線，領先〇・七秒。珮特拉疲憊地高舉雙手慶祝，然後癱倒在雪地上，意識不清且呼吸急促，對著醫療人員放到她嘴邊的水瓶搖搖頭。最後，她一瘸一拐地被帶走，但她贏得了她的銅牌——至少，她拿到了一面獎牌。

接受現實的難處

失敗總是在所難免。發生此情況時，運動員要麼接受挫敗，要麼低頭屈服。不過，兩者不可一概而論，盡管它們都與承認失敗有關，但卻是用兩種不同方式來解讀失敗。一是希望它從未發生，換言之，雖是承認失敗，但並未真心接受，這就是屈服；另一是從希望挫敗從未發生，轉變心態為充分運用困境扭轉劣勢。

回顧第一章，接受逆勢意味著轉換看待問題的方式，保留做選擇的實力。接受而非僅是屈服於挫敗的運動員，會想方設法地利用不利的情勢，也許是將此視為學習和成長的契機，抑或是將困境轉化為通往最終勝利的墊腳石，將挫敗重新定義為得勝前的一個篇章。珮特拉．邁迪奇放眼在溫哥華奧運奪金，結果，第一場比賽甚至還未開始，就先遭遇挫敗。但她盡全力扭轉頹勢，將自己參加競速賽重塑為她所謂的「永不放棄的故事」。世上少有運動員面臨相同處境，能像珮特拉一樣，迅速判斷情勢，從希望挫敗沒有發生，調整心態，扭轉乾坤。運動員面對挫敗，為何經常無法接受現實？

因為現實難以接受，正是如此！這個道理就好比從地上拿起重物：最有效的方法是，蹲下身並使用雙腿，但在缺乏適當指導的情況下，許多人會選擇彎腰，用上身舉起重物，原因就在於，這麼做一開始比較省力。即使正確的道路實際更快，但所有生物都會自然而然地採取本能認為的捷徑。同理，人也有某些本能會讓我們選擇看似容易的途徑，尤其是當接受現實看來更令人畏懼，或更麻煩、不值得時。人有三種本能格外容易形成運動員接受現實挫敗的阻礙：

一、恐懼與懶惰：逃避可怕或令人恐懼的現實
二、認知偏誤：忽略危及本身信念的現實
三、心理防衛：無視威脅自我形象的現實

讓我們仔細檢視一下這些本能，並了解超越現實者如何戰勝它們。

沒有任何事比自欺容易

去電影院看恐怖片時，等到主角偷偷摸摸進入漆黑的房子、被吱嘎作響的聲音驚嚇、

準備拉開浴簾或往衣櫃內窺探時，你大可預料怪物即將現身，只是不曉得在何時或如何發生。下次去時，不妨順便觀察身邊的其他觀眾，當中至少有些人會在此時閉上或遮蔽雙眼。不過，也許你去看恐怖片時，已經做過相同的事了。

遠離可怕事物，是人類正常的反應。我們之所以如此，是為了自我保護，以免受到恐懼和痛苦現實的影響。當然，怪物並不真實，但許多其他事卻是再真實不過，如喪親之痛。眾所周知，否認是悲傷的常見症狀。心理學家蘿妮・亞諾夫布曼（Ronnie Janoff-Bulman）在著作《心碎的假設：探索創傷心理學》（*Shattered Assumptions*）中認為，否認親人死亡或其他創傷事件等事實，是悲慟的人的自然反應，這能幫助他們準備接受終歸得接受的真相。

輕微形式的逃避現實，在日常生活中時而有之。其中最常見的，是我所謂的「酸葡萄症候群」，即假裝自己不想要無法擁有的東西。伊索寓言中，有一則關於狐狸和葡萄的故事。某天，一隻狐狸在森林裡蹓躂，突然發現樹上掛著一串多汁的葡萄。牠跳起身，試圖用牙咬斷葡萄，但失敗了；牠再度嘗試，又失敗。第三次失手後，狐狸放棄了，鬼鬼祟祟地溜走並咕噥道：「反正葡萄大概很酸。」

不論是哪個層級的耐力運動員，酸葡萄症候群都十分常見。部分成年後參加自行車、跑步或鐵人三項運動的選手，發現自己的競爭力不如預期時，時常感到難以接受。有人應付自己失望的方式是，重新定義「勝利」，藉此讓自己成為贏家。其中一種方式是，採行另類的運動方法，例如：赤腳跑步、混合健身（CrossFit）或生酮飲食，不過最具競爭力的運動員多半並未使用這些方法。採用另類方法者在社群媒體上推廣，肆意斥責採用主流方法的運動員愚昧無知。

即便是高水準的運動員，也難免出現酸葡萄症候群。幾年前，波士頓田徑協會（Boston Athletic Association）更新了波士頓馬拉松參賽資格，標準變得更嚴苛，諸多過去亟欲渴望獲得參賽資格的選手，由於覺得自己機會渺茫，便開始宣稱，執迷於波馬參賽資格（BQ）是精英主義陷阱，詆毀這項運動。精英運動員低聲議論擊敗他們的對手時，也會有類似反應：「我敢說他們肯定有用藥。」

恐懼或懶惰阻礙個人接受現實的其他方式甚至更隱晦。許多鐵人三項選手在最弱的項目上常花費最少時間練習，而且為了合理化自己的錯誤，還會說服自己最好將時間花在加強最強項上。即便如此，多數運動員或多或少都心知肚明，事實並非如此。但要他們在最不喜歡的項目上投注更多時間和精力（鐵人三項運動員的最弱項通常幾乎也是最不喜歡的項目），想來實在讓人卻步，而且難以接受。

飲食也是運動員（如同非運動員一樣）竭盡所能否認現實的其一領域。研究顯示，個人不願改變為健康飲食，是因為他們認為做出改變並不會帶來預期的結果。然而，肯塔基大學（University of Kentucky）護理系進行了一項研究，並於二〇一二年發表於《心臟衰竭期刊》（*The Journal of Cardiac Failure*），結果發現，堅持低鈉飲食的公認益處與七十四名實際長期實行低鈉飲食的心臟衰竭病患之間，存在著強烈的相關性。毋須多言，健康飲食的改變當然會為每個人帶來正向的結果。然而，維持健康的飲食習慣絕非易事，有人選擇相信自己會是例外，其實只是不願承認他們不想放棄心愛的速食漢堡罷了。

我曾指導過一位跑者艾莉森，她的飲食習慣有相當大的進步空間。艾莉森告訴我，她曾嘗試吃得健康一些，但感覺很差，而且跑步表現也受到了影響，所以，她又回到對她「有效」的方法（攝取大量甜食，而非蔬菜）。我沒有先急著否定她的方法，但我向艾莉森保證，若她在我的幫助之下，再度嘗試公認對所有人都有效的方法，有意識地改變飲食習慣，相信她的跑步無論如何都會有所進步，也許是體能上升或減少受傷等等。但我無法說服她。

為了充分運用困境，我們必須要先接受現實，而自我覺察（self-awareness）對此至關重要，有助於制止恐懼和懶惰阻礙我們接受現實。政府和新聞媒體等諸多機關，都設有監察使或公評人等監察角色的職務，其工作內容就是處理對組織的申訴，不是為了自我保護，而是為了強化組織的自我覺察能力，並確保做出必要的矯正。超越現實者的內心也有監察員存在，基本上扮演著相同角色，一語道破他們試圖否認的現實。相信我們都有過這樣的時刻：自己的思維似乎同時在兩個層面上運作。一方面，我們感覺自己逐漸陷入錯誤之中；但同時，另一方面，我們旁觀著自己捲入其中，在腦中對著另一邊的自己大喊：「你到底在幹什麼？」

心理學家稱此為後設認知，有些人經常出現此種心理狀態，超越現實者尤其如此。後設認知在人無法接受現實時，為人提供保護，如同優秀的教練保護選手遠離各種無意識的自我危害一般，兩者都是透過提供不同的視角來發揮作用。

沒有人天生就具有強大的內在監察員。據心理學家指出，一般人約在八歲左右開始發展出後設認知能力。而我們必須持續不懈地練習，才能更嫻熟地透過內在監察員照看自己，我們的目標並非是要以後設認知的狀態存在於世，而是希望在遇到恐懼、沮喪或其他負面情緒時，能學會從心理上退一步來檢視自己。這樣的時刻，多半是我們需要做出重大的人生抉擇時，而透過內在監察員的幫助，我們可以更清楚地檢視自己的選擇，並做出最符合個人真正價值的決定。能否成功做出符合個人價值的決策，絕大部分取決於當你本能地不想接受眼前的現實時，能多快地喚醒自己的內在監察員。

且慢，話雖如此，但缺乏自我覺察本身，不正是自我覺察的障礙嗎？所言甚是。因此，單憑著良好的立意，很難培養後設認知能力。我雖再三強調自己並非想鼓吹或推銷冥想，但正念冥想恰好對於培養後設認知能力非常有效。原因在於，練習正念冥想，必須按下所有思想的暫停鍵，將意識回歸到原始感知，這項工作實際上需要我們在心靈設置一個哨站，職責就是持續監控我們的內心，在意識無可避免地從原始感知掉回平日心裡的雜音時，對我們發出警訊。冥想練習者藉由練習覺察自己的內在世界，發展出強大的日常能力，能從自身的想法和情緒抽離，並進行評估，部分情況下，甚至能揪出某些自欺的念頭或情緒。

反思練習（Reflective exercise）也是經證實的後設認知能力培養方法，其中包含了多種形式；以運動員而言，訓練日誌提供了理想的媒介。不妨試著在訓練日誌中，用一小部分空間記錄你當前最在意的訓練問題。試著用外部眼光來檢視這些問題，挑戰自己當下的揣測，探究潛在的盲點。比爾・羅傑斯（Bill Rodgers）在一九七〇和八〇年代作為傳奇馬拉松名將的職涯中，特別懂得善用日誌來幫助自己。例如，一九七四年三月十五日，羅傑斯當時周旋於每週一百二十英里的訓練、婚事、研究所學業和醫院助理的低薪工作之間，忙得暈頭轉向，他在日誌中寫道：「感冒還沒好，過勞，但週日有比賽。現在太忙了，所有比賽成績可能都會很差——除非我學會更專注地練跑，做我想做的事。我搞砸自己到底是為了什麼？？？」幾週後，羅傑斯在波士頓馬拉松賽中，獲得令人失望的第十四名；但在隔年，他更專心訓練，最後以破紀錄的佳績獲勝，羅傑斯將此歸功於他的內在監察員（透過訓練日誌運作），至少某種程度上如此。羅傑斯最近透過電子郵件告訴我：「我認為，不斷評估自己的實際感受是明智之舉。」另外，他也指出，他在一九七五年時，利用訓練日誌幫助自己坦誠面對惱人的股四頭肌受傷問題。

話雖如此，我並非認為，所有運動員都必須總是從事最有利於運動表現的活動。我想說的是，運動員應當培養一種習慣，在出現妨礙表現的困難時，幫助自己做出深思熟慮的決定來應對難題。要有這種能力，必須要能接受現實；而接受現實，則需要內在監察員發揮作用。至於如何練習自我覺察，取決你的選擇，不一定非得效仿羅傑斯的做法。回到前例，也許你真的寧可繼續吃不健康的食物並自負後果，也不願自我約束，改善飲食習慣並享受伴隨的好處——無所謂，只要你不是在自欺欺人，假裝沒有後果即可。

人類思維不理性

言至於此，看來好似所有運動員都有能力看清現實，而差別只在於他們是否願意接受所見的現實。此言差矣，先不論接受與否，有些運動員比其他人更善於客觀地看待現實（或部分現實）。然而，即便是眼光最通透的運動員，有時也很難不帶偏見地感知現實。不過，問題在於，若人無法看清現實，如何接受現實？

心理學家使用「認知偏誤」（cognitive bias）一詞，來表示人類大腦各種有系統地誤解現實的方式。好消息是，人人皆可透過練習減少認知偏誤，學習更客觀地思考。而身為運動員的你會發現，努力學習減少認知偏誤十分值得，這將有助於你在定義問題與辨識解決方案時，以理性思維為主。話雖如此，你也必須明白，減少認知偏誤需要極大努力，畢竟我們的大腦並非天生為了客觀思考而設計。

正如前一章所見，人腦的主要工作是對世界進行預測。為了有效地執行此項工作，大腦必須先讓世界變得可預測，這就涉及了為現實建立模型（即信念），此過程始於我們的五感，人類感官特別適於辨別模式，我們的眼、耳、鼻、舌和皮膚，與其說是感覺器官，更像是過濾器，在關注某些刺激的同時，忽略其他刺激。心理學家麥可・薛莫（Michael Shermer）在《輕信的腦》（*The Believing Brain*）一書中寫道：「大腦是一個信念引擎，透過知覺輸入的感官數據，自然而然地開始尋找並辨識有意義的模式。」辨識出有意義的模式後，大腦便能做出適當的預測。例如：郵差週一至週四將郵件丟入郵箱時，狗會吠叫。因此，狗狗在周五可能會有相同行為。

另外值得注意的是，信念形成的過程中，效率與準確性同等重要。正因如此，大腦經常是根據非常有限的資訊建立信念。而且在信念形成之後，面對有所衝突的新資訊時，會抗拒改變。薛莫寫道：「信念一旦形成，大腦就會開始尋找確認性證據（confirmatory evidence）來支持信念，此舉會進一步從情感上增強對信念的信心，加速信念加深的過程，如此周而復始，大腦一步步地進入強化信念的正向回饋循環。」甚至在文化方面，信念難以動搖的情況也時有所見。例如：在珮特拉．邁迪奇之前，民族自卑情結阻礙了諸多斯洛維尼亞運動員的表現，也許甚至連珮特拉在運動生涯早期也受到影響，她談到這段時期時曾說道：「我只是年輕小女生，不確定自己能力為何。」但是，後來她決定以身作則，致力於挑戰這種自我限制的偏見。

想要在世上過活，我們需要的不僅僅是自己的信念為真，還必須要能派上用場。有用的信念某種程度上必須反映現實，但不見得必定絕對正確；比起剛好可用的信念，要獲得全然正確的信念畢竟得付出太多努力。但是，假使你的目標不僅僅是在世上過活呢？

以科學家為例。他們存在的所有目的，就是為了發掘絕對的真理。為了抵抗人類滿足於剛好的真理的天性，這些知識探索者發展出了科學方法，作為對抗認知偏誤的屏障，將信念的形成提升為基於規則的集體作業，當科學方法運作得宜時，由此產生的現實模型，比起人們根據自身想法輕易信以為真的現實更為準確。

承上思路，精英運動員所追求的，可不僅僅是在世上生存而已，他們的目標是成為自己專項中的頂尖人物。為了成功，他們必須去了解並採用最有效的訓練方法，為競賽做準備。而為了找出這些方法，他們必須盡量客觀地從各種選項中去蕪存菁。絕大部分而言，這其實只是在模仿當前和近期的冠軍所使用的方法。這類方法是集體的產物，是歷經好幾代人承擔著得失不斷嘗試，才得以留存的「最適者」，它們將所有重要體育競賽的水準都提升到如此之高，因此，即便是天賦極具的人，為了獲勝，在選擇訓練、營養規畫或其他方法時，也不可能僅憑個人喜好或便宜行事。

業餘運動員所面臨的風險，遠小於精英運動員。畢竟我們不像職業運動員，了解和執行最有效的方法來備賽，是他們賴以維生的工作。普通人只需相信夠好的訓練和飲食方法，通常就能取得令人滿意的成果。許多人都「自認為」自己想以最有效的方式備賽，但我們不像職業選手必須擔負失去生計的風險，因而易於陷入認知偏誤和錯誤方法的陷阱，誤以為吸引我們或方便的方法就是最佳方式。

舉例來說，大量的科學研究證實，無論能力和經驗，所有耐力運動員以每小時至少六十克的速度攝取碳水化合物時，在長跑比賽中的表現最佳。此種熱量補燃方案是經證實的耐力賽最佳方法，對於大幅提升競賽表現不可或缺。因此，幾乎所有世界級的耐力運動員都遵循此一原則。但是，實行此法絕非易事，人體的設計並不適合在運動過程中攝取任何營養，因此，要在比賽進行中（尤其是跑步比賽），做到每小時攝取六十克以上的碳水化合物，人體一定會感到不適，甚至可能導致嚴重的腸胃不適，不論職業和業餘運動員都一樣。但是，若是精英運動員最初執行時遇上困難，他們不會輕言放棄，而是堅持不懈，持續嘗試不同類型的飲料和凝膠，或以不同方式訓練五臟六腑去忍受不適，直到成功為止。同樣地，原因無他，他們的生計仰賴於此。

海勒・葛布塞拉西（Haile Gebrselassie）正是活生生的鐵證。這位衣索比亞傳奇名將在二十世紀末和二十一世紀初戰績輝煌，之後開始參加馬拉松比賽，但他一開始表現並不理想，最初三度嘗試二六・二英里的比賽，只獲勝了一次，而且還未達到自己的時間目標。海勒意識到，自己因為無法忍受攝入大量的液體和碳水化合物，表現受到影響。於是，他向國際知名的伯明罕大學（University of Birmingham）耐力運動營養學家艾斯可・尤肯卓普（Asker Jeukendrup）求助。尤肯卓普為他的新明星客戶規畫了訓練中營養攝取分級計畫，在練習期間逐步增加熱量的攝取量，讓葛布塞拉西能隨時間逐漸提高攝食的耐受力。葛布塞拉西的下一場大型賽事是二〇〇七年柏林馬拉松賽，他在比賽期間喝下了整整兩公升的運動飲料和水，食用了六份能量膠，而且並未出現任何嚴重不適，還打破了世界紀錄。

葛布塞拉西清楚證明了，不論是誰，任何耐力運動員只要不接受失敗作為一種選擇，就能以最有效的方式，成功執行賽事的補給。誠然，並非人人都有能力或資源能找上尤肯卓普，但此種方法並不是什麼艱深學問，所有資訊唾手可得，人人都可以善加利用。然而，非精英運動員中，只有小部分的人會真正嘗試。有些人大概會試圖了解這種經證實的最佳賽事補給方法，並稍作嘗試，但在經歷最初的胃腸不適後便放棄，認為（通常是誤以為）他們的身體無法忍受攝取如此多的碳水化合物。有些人則因為認定碳水化合物不健康，而不願採用精英運動員的賽事補給方法，完全無視多數職業耐力運動員有多健康。另外，還有些人甚至從未考慮過用職業選手的方法進行補給，只是效仿同輩較次等的賽事補給方法，全然忽略了一項事實：雖然目前的方法看似有效，不代表就沒有更好的方法。丹麥奧爾堡大學（Aalborg University）研究人員二〇一四年進行了一項研究，結果發現，哥本哈根馬拉松比賽期間，被指示每小時攝取六十克碳水化合物的跑者，比起採取平常做法（碳水化合物攝取量少了三八％）、體能條件不相上下的同儕，完賽成績平均快了近十一分鐘。

一般飲食、訓練和復原的方法，全都看得見相同模式。精英運動員在這些領域堅持最佳方法，但非精英運動員卻多半不見得如此。這並不表示專業運動員比我們更聰明，他們的優勢在於職業競賽級別的勝負賭注，而高風險賭注有助於導正人類天性（傾向形成剛好可用卻無法精確反映現實的信念）。

我曉得，並非每個運動員都有像職業選手一樣的資源，能夠恪守最佳方法。但是，正如先前所述，所有必要資訊基本上都公開透明，誰都可以取用。對於希望不受認知偏誤限制的休閒型運動員，我的建議是不妨進行「職業選手會怎麼做？」的小遊戲。假裝自己沒找到並實行最佳方法備賽的話，就會失去工作，然後，像職業選手一樣著手學習科學知識，並效仿獲勝選手的做法。不過，我指的並非盲目模仿。例如，若你是跑者，模仿精英跑者的最佳做法，不代表你的最佳訓練量非得和他們一樣，要每週跑上一百二十英里。具體數字並不代表最佳方法，真正的最佳方法是對個人助益最大的訓練量，對多數精英跑者來說，最佳訓練量恰巧相當於每週約一百二十英里；但對你而言，可能只要一半足矣。

練習想像自己是精英運動員，此法不僅適用於決定訓練方法和飲食習慣，在你身為運動員做任何重要決定時（例如：參賽的時機和頻率），也很管用。據我對休閒型耐力運動員的觀察，過度參賽是最常見且代價高昂的錯誤之一。比賽對訓練過程極具破壞力，而有助於提高表現的終究是訓練，而不是比賽。精英耐力運動員（尤其是專精於長跑比賽的運動員）從不輕易參賽，因為他們深知，不過於頻繁參賽，他們才能拿出最好的表現；而且他們也很清楚，若比賽時沒能發揮最佳狀態，他們就得另尋飯碗。休閒型耐力運動員則是常說服自己，頻繁參賽不會影響他們的表現，一是出於對參賽的喜好，因此傾向相信比賽有利無害；此外還有他們就算過度參賽，仍能在運動發展上取得些許進步，因此產生認知偏誤，認為雖然頻繁參賽，某種程度上仍能有所進步。

每當遇到重大決定的時刻，不妨自問：「專業運動員碰到相同情況時會怎麼做？」心理偏誤有時會阻止我們準確地感知現實，這樣做將幫助你避免天性上的偏頗。我並不是說你得總是有樣學樣，永遠照著相同處境的職業運動員的做法。假使你真的十分喜愛參賽，甚至不介意經常比賽會為你的表現帶來負面影響，大可如此。但你永遠不該在尚未認清現實之前，就妄下決定。

保護自我的心理防禦機制

有些現實令人難以接受，不是因為它們是外部威脅，而是因為這些現實揭露了我們不願面對的自我。誘使我們逃離這些現實的保護性反射，與看到一條蛇在前方小徑上滑行而反射性地感到驚嚇，兩種反應並無太大分別。我們逃避人身威脅，是由於本能地想保護自己的性命；而我們逃避對自我形象的威脅，是因為本能驅使，我們想維持自己值得活下去的感覺。在佛洛伊德心理學中，此種現象稱為心理防衛（ego defense）。

酸葡萄症候群是心理防衛的形式之一。那些試圖用純粹的方法論重新定義勝利的運動員，是因為他們無法忍受自己技不如人才這樣做。說來傷心，但酸葡萄症候群並不難理解，畢竟天份不足是無法改變的缺點（因此也不能算是缺點）。但運動員在困境中所暴露出的其他內在弱點可以改變，因此，運動員能否接受自己的短處，更是格外重要。

我在早期的一本書中，分享了羅瑪．德拉薩拉斯（Rome Delasalas）的故事。羅瑪是一名跑者，多年來一直難以接受自己害怕成功的事實。他的夢想是，獲得波馬資格並參賽。盡管他能力俱備，卻始終未能達成目標，他開始自我傷害，吸煙又暴飲暴食。直到後來，羅瑪終於自我反省，並接受了現實；他正視自己失敗的根本原因不在於他找的各種藉口，而是他不斷為失敗找藉口的行徑。羅瑪因此重新振作，最終獲得了波馬參賽資格。

我在此重述羅瑪的故事，是為了說明人為了自我保護而否定現實的代價，同時突顯克服此種反射機制所帶來的益處。就算你接受的現實迫使自己承認本身仍有待改善的弱點，但接受現實永遠是往前邁進的最佳道路，運動和生活皆然。沒錯，這的確令人痛苦，但只是短痛。長遠看來，發現自己不是原本想成為的人也許痛苦，但比起堅持自己的虛妄錯覺，持續隱約深陷不滿，後者的痛苦折磨更令人難受。

「自我批評」一詞，在我們的文化中帶有負面意義，但其實不該如此。真正的自我批評指的是，以高標準要求自己的品行和行為。我們之所以將自我批評視為負面，是因為我們將其與低自尊（low self-esteem）混為一談，但兩者截然不同。低自尊源於過度在意他人對自己的看法。由此可知，而涉及低自尊的自我批評（例如：「我不夠美」、「我不夠快」、「我不夠瘦」、「我不夠有錢」、「我不夠成功」）並非真正的自我批評，而是內心回應自己所認為的外部批評。換句話說，低自尊來自於用世上的標準來評斷自己，而自我批評則是用自己的標準來評斷自己。

太在意他人的看法是一大陷阱，不僅因為你的幸福取決於自己無法掌控的外物，還由於世界的標準相當膚淺。若你為了世界的認可而活，會發現自己成日憂心諸多無關緊要的事，像是「我的車比不比得上鄰居的車？」、「我的上一篇貼文按讚數有多少？」等等，而忽略了真正重要的事，例如：我是否為身邊的人帶來正面的影響。話雖如此，不去過度在意他人的想法知易行難。正如愛默生在《自立》一文中所述：「人生於世，按照世人的觀念生活是件易事；按照自己的觀念，離群索居也不難；但若想置身於世人之中，卻盡善盡美地保持個人的孑然獨立，只有偉人才能辦到。」

若容我斗膽修改一處這段佳言錦句，我會用「超越現實者」取代「偉人」。有能力逆勢再起的運動員按照自己的觀點生活，而不是世人的觀念。正如德拉薩拉斯所發現，唯有依照自己的想法而活，我們才能充分發揮自己的潛力。第一章提及的超越現實者——瓊．班諾特也在她的自傳中分享了下列反思，完美體現了此處討論的心態，她寫道：「受到讚美時，我心中多半感到侷促不安，那並不是在假裝謙虛，而是因為我內心有一個聲音說著『小心了』。這個聲音不斷提醒我，我還沒完全發揮自己的潛力。」

世人的看法常在不知不覺中左右著運動員的心智。珮特拉．邁迪奇大半的運動生涯中，常是表現令人扼腕的選手。她在世界盃賽場上大出峰頭，但面對錦標賽場卻表現失常，因而陷入自我懷疑，也許某種程度上是內化了外界對斯洛維尼亞運動員的預期。當她開始練習讓內心的聲音代表真正的珮特拉，成為自己的主宰，成為她想成為的人，而不是世俗期待的珮特拉；她便漸漸時來運轉。珮特拉在惠斯勒奧林匹克公園摔落谷底時，最初浮現的念頭是「一切都完了」。但隨後，她在接受《地球時報》（*Earth Times*）採訪時回憶：「另一部分的我告訴自己，我會站上起跑線。」當你跌落低谷時，讓「另一部分」的你——不為世人所動的你——來決定下一步該往何處去。

有多痛，就有多值得

珮特拉．邁迪奇從惠斯勒奧林匹克公園終點線被緊急送往一家更大、設備更完善的綜合醫院，她接受了胸部的電腦斷層掃描，結果顯示，她有五根肋骨骨折（摔到山谷時受的傷）和肺部穿孔（半決賽中受的傷）。主治醫生建議她立即進行胸腔引流手術，但珮特拉提出異議，她決意趕至溫哥華市中心的卑詩體育館（BC Place Stadium）參加當晚的頒獎典禮。

醫生說：「不，那不可能。」

珮特拉問：「手術需要多久？」

「十五分鐘。」

「我給你十分鐘。」

珮特拉坐著輪椅離開了醫院。她想避免台上騷動，但又無法獨自行走，於是，在兩名奧委會官員的協助之下，她登上了頒獎台，獲頒斯洛維尼亞越野滑雪選手的第一面奧運獎牌。珮特拉接受美國國家廣播公司（NBC）體育台視訊專訪時，解釋了她如此渴望出現在頒獎台上的原因，而這也與本章主題息息相關。

她說：「我認為，對斯洛維尼亞人來說，這傳達了一個重要訊息：奪牌是可能實現的，只需奮鬥不懈，這絕非易事，但你可以的，因為人生帶給我們的挫折苦痛，都是我們有能力受得住的。堅持到最後，目標就能實現。過程中，你必定感到千辛萬苦，但有多痛，就有多值得。」

沒有比珮特拉的話更能總括接受現實困境有何意義：「接受現實絕非易事。你必定感到千辛萬苦，但有多痛，就有多值得」。

距離聖羅莎國際鐵人三項賽六個月

我在加州帕羅奧圖一家以運動員為主的物理治療診所度過了整個上午，這間診所推出了一項鐵人三項運動員表現優化計畫（Performance Optimization Program，POP），完成計畫評估需要整整五小時。離我家較近之處，當然也有不少物理治療診所，但沒有一家完全符合我的需求。負責為我服務的物理治療師梅根，不僅是物理治療碩士，還是經認證的肌力與體能訓練專家、鐵人三項教練，她本身也是優秀的鐵人三項運動員。我們初次見面是在幾年前我的一場演講活動上。後來，她聽說我準備重返鐵人三項比賽，所以主動邀請我參加他們的運動員表現優化計畫。反正我一直想找物理治療師，所以收到邀約，自然也就欣然接受了。

我們先從功能性動作評估開始。我過去也經歷過類似的檢測，總是感覺自己像個異類——這裡太弱、那裡太緊、肌肉失衡、錯位，方方面面看來，簡直無藥可救。梅根帶著我進行了一系列診斷這些問題的測試，特別注意我的左髖外展肌群（最近和家兄一起跑步時，問題又加重的區域）、右膝（每當我多騎一點距離便開始疼痛，如同我過去三個月的情況），還有我最近游泳時抽痛的右肩。

評估完成後，梅根向我介紹了一系列的練習，主要是為了矯正受限的肌力、柔軟度和活動度，這些問題可能導致了我身體的疼痛。其中部分動作相當奇特，所以梅根用我的手機錄下了我做這些動作的影片，以供將來參考。少數練習需要我購買特殊設備，包括一對滑盤，我得用它們模仿溜冰的動作，進行髖外展肌的訓練。

梅根最厲害的是，發現了我的左大腿內側有大片組織損傷。由於跑步時不會感到疼痛，我甚至一無所覺。梅根鼓勵我，每天用按摩滾筒和按摩球放鬆此區域的組織，幫助受傷的鼠蹊部肌腱減輕壓力。她為我設計的例行程序非常耗時，但我向她保證一定會乖乖照做，而且言出必行。我這次準備復出，決定自己得像賭上飯碗一般；而我知道，職業生涯完全取決於成績表現的專業鐵人三項選手，都是物理治療的模範病人。

接下來，我們開車去了附近的游泳池，梅根在此為我進行泳姿分析。我稍微熱身了一下，然後以接近鐵人三項賽的實力遊了六圈，梅根拍攝了我在水下的泳姿。回到診所後，她帶著我用慢動作一一檢視我的游泳姿勢，並在關鍵點上加註標記。

我做好心理準備，打算迎接毫不留情的批評，結果如我所願。梅根發現的問題包括，滑行時延伸手沒有完全打直，划水時高肘下掉，左臂划水太開，在水中看得太遠，腳踝太僵硬，打水時會產生反推進力。有別於一般的游泳教練，從物理治療師口中聽到這些評論的好處是，梅根並未將原因歸咎於我的技巧。例如，她解釋說，解決胸部肌肉緊繃和肩膀活動度受限的問題，應該會有助於我的肩膀伸展。

午休後，診所常駐的騎乘適配師賈斯汀為我進行了自行車的騎乘適配。我還沒有自己的鐵人三項自行車，因為我想先進行適配，以免排除某些單車品牌或型號。賈斯汀幫我調好適合的設定後，還分析了我的踩踏姿勢，看看是導致我膝蓋疼痛的原因為何。據他觀察，在我的車鞋裡加上特殊的矯正鞋墊也許有所幫助，隨後他遞給我一雙尺寸合適的鞋墊。也許是安慰劑效應，但我立刻感覺有所不同。

當天的最後一站是跑步機，梅根拍下了我的跑步姿勢，並進行分析。我以前也做過類似檢測，常見的毛病又被提了出來：脊椎旋轉不對稱、側骨盆髖部下降、後髖伸展不足。顯然，我為了解決這些問題所做的運動，效果不彰。

簡言之，此次造訪讓我深受鼓舞，診所內的人員擁有我所缺乏的專業知識，把自己交到專業人士手中，讓我倍感安心。第一次參加鐵人三項賽時，我所犯的錯誤之一，就是試圖憑著一己之力完成一切。年輕氣傲的我，相信憑藉著自身的天賦、努力和專業知識，定能實現我的目標。雖然我靠自己的成績還不錯，但若當初能尋求一點幫助，路應該可以走得更遠。

為了超越年輕時的自己，我必須利用年長的優勢來彌補劣勢。對我而言，這多半關乎於接受現實。多數時候，我並不覺得自己老了，但有時確實會有所感覺，例如：當我騎公路車做出全傾斜、臀部離開座墊往下坡衝刺時。我只是不再像年輕時一樣有力，而我也接受這個事實，不論再多努力，力量也無法完全恢復。但我不會因為少了一點力，就在賽場上放慢速度。四十七歲的我擁有三十一歲時所缺乏的一項特點，那就是謙遜。我已學會接受自己所知有限，並懂得適時求助，而且我打算在這段歷程結束前，尋求更多幫助。

4 擁抱現實，找對視角

自由取決於我們如何應對發生於己身之事。

——尚保羅．沙特（Jean-Paul Sartre），哲學家

最初，羅伯．克拉爾（Rob Krar）並未察覺自己很憂鬱——他以為自己只是不快樂而已。他的確有充足的理由感到不快樂，從小生長於加拿大安大略省林木蓊鬱的港口城市漢密爾頓（Hamilton），羅伯在此享受著戶外的生活，充斥著各式各樣越野滑雪和獨木舟活動。二〇〇二年，他搬到毫無綠意的美國內陸城市鳳凰城，找到了一份藥劑師的工作，上大夜班，但他討厭這份工作。羅伯是有天賦的耐力運動員，曾兩度獲選入加拿大青少年鐵人三項國家隊，後來還獲得了位於印第安納波里（Indianapolis）的巴特勒大學（Butler University）獎學金，但完成學業後，他退出了這項運動。據其描述，他厭倦了以往老想著「與旁人比較，獲得他人欽佩」的日子，除了比賽，他從未想過有其他外出運動的動機，而他比想像中更想念其他單純活動的理由。高中時，他算得上是風雲人物，但到了新環境卻很難交到朋友，如果把女友也算上，他充其量只有兩個朋友，但他和女友的關係也出現了裂痕。

二〇〇六年，羅伯搬到弗拉格斯塔夫（Flagstaff），他轉換環境的唯一目的，只是為了準備加拿大藥劑師考試，如此一來，他便可以盡快逃回家鄉漢密爾頓。直到此時，他才逐漸意識到，自己的心理出了問題。在弗拉格斯塔夫，羅伯重新發覺自己對戶外活動的熱愛，結識了眾多朋友，並重新開始跑步。但他還是不快樂，不僅如此，他還很抑鬱。

跑步經研究證實有助於緩解憂鬱，但對羅伯幫助不大，除非他先克服了那些以外部為重心的陳舊動機。二〇〇七年，他在波士頓馬拉松比賽獲得第二十七名，不畏冰冷的凍雨和時速二十英里的逆風，首度登場就取得兩小時二十五分四十四秒的佳績，但因為一味追求與旁人比較，並獲得他人欽佩，羅伯在身體還未準備好之前，恢復了高強度訓練，結果接下來三年，大半時間時常在養傷。

二〇一〇年，羅伯雙腳腳跟深受慢性疼痛所苦，連在沃爾格林（Walgreens）藥房櫃檯站櫃時，都感到疼痛。他的友人邁克．史密斯（Mike Smith）過去曾是奧運馬拉松選拔賽選手，現任北亞利桑納大學越野田徑總教練。羅伯在邁克的勸說之下，嘗試了越野跑比賽，主要是洛磯山縱走越野跑（TransRockies Run）。這是一項為期六天的雙人團隊比賽，比賽開始前五天，羅伯一步都跑不了，第一階段之前甚至連熱身都無法。無論如何，羅伯總算熬過了第一天的比賽，而且還是第一名。隔日，他與邁克仍保持領先。羅伯注意到了女子隊的選手克里斯蒂娜．鮑爾（Christina Bauer），於是，他利用自己這兩日的勇猛表現所獲得的關注，鼓起勇氣上前攀談。羅伯走近克里斯蒂娜時，忽然意識到自己不知道該說什麼，於是，他給了她主辦單位免費贈送的護唇膏。

他對她說：「妳要不要這些護唇膏？」努力擠出他最迷人的微笑。

接著是一陣尷尬的沉默，克里斯蒂娜以鑑識調查員檢查贗品的眼光，細細檢視著這份禮物。

最後，她將護唇膏遞回給羅伯，並說：「我不會將含石油的產品擦在嘴唇上。」

哎喲，糗大了！不過，事情一切順利。羅伯和邁克贏得了比賽，然後，他和克里斯蒂娜也開始約會。羅伯二度中斷跑步，由於兩次手術都未能減輕他腳跟的疼痛，因此，他幾乎是迫不得已之下出此決定。但唯一值得安慰的是，他因此得以專注和克里斯蒂娜發展關係。他們一起去登山和露營，學飛蠅釣，冬天共同從事許多登山滑雪活動，而且幾乎無話不談，包括羅伯的憂鬱症。

同時間，克里斯蒂娜仍持續跑步。二〇一一年二月，克里斯蒂娜和羅伯結婚前四個月，她說服了兩年未跑步的羅伯，與她一同參加三十三公里長的越野跑比賽。結果出乎意料，羅伯不僅跑完全程，還獲得了第一名。

此時，若是過去的羅伯，就會難以抗拒地掉入舊日漩渦，為了先前的動機而跑；相反地，現在的羅伯將自己恢復跑步能力，視為一份禮物，他不希望重蹈覆轍，不想只為了獲得尊重或關注而跑，羅伯想藉由比賽，來兌現這份珍貴而脆弱的祝福，現在的他為了內心的歷程而跑，傾聽自己的身體，注重休息，並全心為越野跑界盡一份心力。

同年十一月，羅伯首度正式參加超級馬拉松——位於內華達州巨岩市的穿行者超馬五十公里比賽（Bootlegger 50K）。比賽到後來，他苦苦掙扎，內心來到了前所未有的境地（他現在稱之為「心靈暗處」），讓人痛苦萬分並深陷於矛盾之中，內心絕望地拉鋸，一邊希望堅持下去，一邊又極度想要放棄。但他喜歡這種感覺，對多數人而言的人間地獄，對羅伯來說卻不陌生，與他經歷的憂鬱症，感覺驚人地相似，只不過兩者存在著一個關鍵區別：控制力。

羅伯在二〇一八年接受播客主比利．楊（Billy Yang）的採訪時，他解釋：「比賽進入到後段時最爲痛苦，我開始質疑自己能否抵達終點線，此時內心會有股黑暗，類似於當我勉強自己出門跑步、內心最為抑鬱、或感覺自己無助又毫無價值時所體會的掙扎。可是，兩者不同之處在於，跑步的我能掌控一切，我可以隨時讓痛苦停止，我可以停下腳步，可以用走的，可以退出。但我選擇繼續前進，如此不可思議的心靈淨化體驗，是我很少有機會擁有的。」

許多跑者第一次嘗試超馬就迷上，但對羅伯來說，他一直到了第二十次參賽，才萌生了相見恨晚之歎。二〇一三年四月，他參加了里歐娜分水嶺五十哩超馬賽（Leona Divide 50 Mile），以近乎可笑的驚人幅度獲勝，並破了記錄。一個月後，他刷新了「從邊緣到邊緣」穿越大峽谷已知的最快記錄，在六小時二十一分鐘內完跑完了艱辛的四十二英里，大破過去紀錄。數週後，到了六月，他參加了有「一百英里耐力賽超級盃」之稱的美國西部一百英里超馬賽（Western States 100），並獲得了第二名。羅伯此次首度參賽，在比賽最後的里程中，在逐漸衰弱的提摩西．歐森（Timothy Olson）背後緊追不放，最後以落後不到五分鐘的距離完賽，這場比賽也展現出他後來獨有的比賽風格——耐心與窮追不捨。

接下來兩年，羅伯回到了美國西部一百英里超馬賽，並且奪得勝利；然後，他贏得了幾乎同樣神聖的萊德維爾一百英里大賽（Leadville Trail 100）冠軍，接著又再度在美國西部一百英里奪冠，並獲頒二〇一四年和二〇一五年度超馬跑者。羅伯開始經營跑步訓練營，並在三十八歲時放棄了藥劑師工作，成為受贊助的全職職業運動員。但他如夢似幻的人生高峰，卻常因陷入夢魘般的「情緒黑洞」而被抵銷，羅伯提及他的憂鬱發作和情緒低潮常因受傷而起，儘管他如今面對跑步，態度更明智，但仍十分容易受到傷勢影響，令人洩氣。

二〇一七年十一月，羅伯發現自己深陷人生迄今為止最深的黑洞、最幽闇的深淵，彷彿看不見出路。一切始於安大略省舉行的北臉五十公里耐力挑戰賽（North Face Endurance Challenge 50K），此處是他最愛的比賽場地之一，但他在最後一英里時發生失誤，右膝在承受衝擊時，不小心伸得過直，結果就毀了，一塊大理石大小的軟骨如同裂變材料一樣消失了。無論如何，羅伯還是設法完成了比賽（而且是以第一名完賽），但兩週後他就上了弗拉格斯塔夫的手術檯。兩天後，他成了名副其實的「泡泡男孩」，整日躺在客廳地板上八個小時，腿被困在連續式被動關節活動器（continuous passive motion，CPM），一邊看著Netflix，一邊讓貓在他那一動也不動的身上窩著。他起身只是為了上廁所、從廚房拿食物，以及在必要時，倒垃圾或拿取當天的郵件，一舉一動都需要助行器幫助（後來改用手杖）。

這對任何人來說，都稱不上是生活，更別說是跑者了，而且還是個容易抑鬱的跑者。二十天後，羅伯終於從CPM的束縛中解脫，可惜到了那時，他的神經化學開關已經被打開，解放只讓他提振了兩呎，從地上移動到了沙發上。多數時間裡，他依然鎮日躺在那張打自鳳凰城的失落歲月就遺留下來的鏽紅色皮革沙發，彷彿仍被困在機器裡一樣。振作有何意義？他找不到起身的理由，羅伯內心深處知道，他再也快樂不起來了，更遑論回歸跑步了。

巴克．布蘭肯西普（Buck Blankenship）是羅伯的好友兼訓練夥伴，他能根據羅伯回覆訊息的快慢，來判斷他的狀態。隨著夏季結束，時序進入秋季，羅伯回訊息的時間從數分鐘的間隔，拖延至數小時、甚至數天。萊恩．懷特德（Ryan Whited）是羅伯的肌力教練，也是除了克里斯蒂娜之外，唯一在這段期間常見到羅伯的人。他的運動中心位於弗拉格斯塔夫東邊，當羅伯緩慢費力地走進帕拉貢運動中心（Paragon Athletics）大門時，萊恩可以立刻從羅伯的眼神中看出他狀況好壞。隨著時間推移，羅伯的眼神從銳利（正常），變得空洞（警訊）。

此種情況免不了會為婚姻帶來壓力，羅伯和克里斯蒂娜也不例外。羅伯不想拖累妻子，因而告訴她，「沒有他，她的日子會好過一些」；克里斯蒂娜不禁將此訊息解讀為，羅伯在表達「沒有她，他會過得更好」。雪上加霜的是，克里斯蒂娜理所當然地也有自己的生活——她高要求的學術暨就業顧問工作，為了越野兔一百英里比賽（Run Rabbit Run 100-Mile Race）必須進行密集的訓練，還有她的其他家人也正經歷危機，需要她的支持——克里斯蒂娜無法全天候陪伴在丈夫身邊，即便他希望如此。

十一月的第二個週末，盡管惶恐不安，克里斯蒂娜將羅伯獨自留在家中，飛往東部去幫她父親補過生日。整個星期六，羅伯都躺在沙發上，做著克里斯蒂娜不在時最擔心他可能會做的事：考慮結束自己的生命。羅伯從來不怎麼喝酒，但最近開始喝多。那天晚上，他喝了幾杯琴湯尼，與其說是為了逃避憂鬱，不如說是為了沉溺其中。

羅伯此刻已憂鬱到一個地步是，他反常地想要感受更多自己內心的黑暗。為了滿足心願，羅伯特別用筆電播了Netflix影集《地獄之輪》（*Hell on Wheels*）的最終集，內容陰鬱，結局以一場悲慘謀殺案收場。他已看過無數遍，片尾曲是由達克人樂團（Duhks）翻唱嘉特．高曼（Kat Goldman）的歌《安娜貝爾》（*Annabel*），是一首黑暗華麗的民謠悲歌，其中一段歌詞是：「告訴我，人死後，靈魂會去哪？／喔，人死後，靈魂會去哪？」

劇集播完後，羅伯將他的網路瀏覽器轉向Google的頁面，並輸入一連串的關鍵字搜尋：

最適合用來自殺的槍
持綠卡買槍
槍枝專賣店週日是否營業

進行搜尋時，出現了總是率先跳出的國家自殺預防生命線畫面，羅伯跳過了頁面提供的緊急援助訊息，然後，他確定了幾件事：幾乎任何用來結束生命的槍支都各有優劣；他身為持綠卡的加拿大公民，可以在亞利桑那州合法買槍；還有，他想要的話，最快隔天就能買到。但事實上，羅伯無意購買手槍（或獵槍），也無意在隔日自殺。只是，光是知道自己有此選擇，便賦予了他某種程度的安慰，萬一他無法堅持到下一次的跑步訓練營，也就是八週後的營隊，至少他還有逃出生天的可能退路。

當我前去弗拉格斯塔夫參加他的跑步訓練營時（並非他身心康復轉折的訓練營，而是數個月後舉行的訓練營），羅伯毫不諱言地向我描述了這些情節，他的語氣近乎客觀中立，沒有自憐或逞強。我在聽他敘述時，想起了羅伯在二〇一四年的紀錄片《憂鬱症：大峽谷三十英里的感光片刻》（Depressions: A Few Moments from 30 Miles in the Canyon）的片段。

羅伯往大峽谷南壁衝刺，手持攝影機從後方拍攝，頓生敬畏的遊客趕緊讓道，而畫面旁白是他講述著：

對我來說，最大的改變就是接受自己正深陷黑洞的事實，並擁抱現實。我允許自己這麼想，『沒錯，這糟糕透頂，我希望事情沒有發生在我身上』。對我而言，這是相當巨大的改變，也是我的對應之策。現在的我，有時能將憂鬱發作的時間縮短至一天。

陷入重度憂鬱，有點像是手腳受到束縛，被一個強壯、冷酷無情的惡徒折磨著，你幾乎無能抵抗，控制不了局面。為了在某種程度上反抗折磨者，你唯一能做的就是，擁抱當下發生的事——欣然接受，甚至也許只是為了讓壞人惱怒，所以試圖讓他相信，你其實很享受折磨：觀賞壓抑陰暗的電影或影集；聽一首悲歌；研究自殺的方法，即便你沒有立即的打算要實踐所學。這種背水一戰也許只會讓情況更好過百分之一，但天殺的，提姆．歐森在二〇一三年美國西部一百英里比賽中，正是以不到百分之一的幅度擊敗了羅伯．克拉爾。

不論是生活和運動，小改變有時可以扭轉局面。羅伯在比賽期間墮入心靈的暗處，幫助他擁抱情緒黑洞，讓他更能面對憂鬱症。心理學家將此種因應技巧取名為：征服創傷（trauma mastery）。蘿拉．李普斯基（Laura van Dernoot Lipsky）和康妮．柏克（Connie Burk）在其著作《創傷照管》一書中寫道：「對許多創傷倖存者而言，缺乏對創傷事件的掌控是最令人恐懼且不安的事之一……人為了調解難以掌控的情況，經常尋求的辦法就是，盡可能地創造和重建類似創傷事件的情況。我們希望扭轉曾經感到無能為力的創傷情況，一改為我們有能力掌控的全新局面。」

以羅伯的例子而言，超馬不僅幫助他戰勝憂鬱症發作帶來的創傷，他為了克服憂鬱症所做的努力，也反過來幫助他征服了超馬帶來的心理挑戰。羅伯在紀錄片中說道：「我因此在超馬比賽中達到了前所未有的水準。面對憂鬱症，最好的方法就是擁抱它，我允許自己痛苦。人們會說，『你必須對抗痛苦，必須無視痛苦』。但我反其道而行，在比賽後期，當我的身心處於臨界點，身體掙扎著想止步休息，腦裡也只是想著停止一切時，我會擁抱現實。」

擁抱現實，心態昇華

擁抱困境的想法也許聽來頗為自虐，但事實並非如此。擁抱憂鬱或比賽中遭遇的極限，並非是為了以此為樂，而是（用克拉爾的話來說）去應對情況。接受了現實的困境之後，運動員可以選擇屈服，或充分運用困境。而擁抱困境意味著盡力充分運用困境，扭轉頹勢。當然，即便充分運用困境，最好的情況也許看來與原本並無太大分別——克拉爾二〇一七年的憂鬱症就是典型的例子。但是，話再說回來，小改變有時可以扭轉局面。

有些運動員十分善於擁抱現實，但有些人卻不見得。欺騙行為表現（deceptive performance）回饋相關的研究提供了一種方法，可衡量運動員擁抱現實的能力。其中一項由白金漢郡新大學（Buckinghamshire New University）馬克・史東（Mark Stone）教授主持的研究，於二〇一七年發表在《公共科學圖書館綜合期刊》（*PLoS One*）。研究對象包含了十名男性自行車手，他們被要求在健身腳踏車上完成一系列四千公尺計時賽的模擬。第一次測試用於建立表現的基準；另外兩場測試中，車手則被告知他們會與代表自己基準表現的虛擬對手競爭，但其實虛擬對手在另外兩次的欺騙測試中，表現分別提高了二％和五％。

十名自行車手與表現高出自己二％的對手競爭時，全都比以前更快完賽。然而，與高出五％的對手比賽時，只有兩三名自行車手達到最佳成績（不過無人真正與虛擬對手並駕齊驅），而其他一些人的表現與另一版較不極端的欺騙測試大致相同或稍差。其餘的人表現甚至比基準測試時還差，其中兩名受試者格外明顯。

這個實驗中，讓我最感興趣的受試者是，在五％測試中的表現比二％測試差，但結果仍高於基準測試的兩人。此二人肯定早就意識到自己最後會落敗，心知（由於他們未知的原因）他們沒有足夠的腿力，沒能追上據稱是代表他們基準表現的對手。可是，這兩人並未放棄。反之，他們接受了自己必定會落敗的結果，然後擁抱現實，竭盡所能地力求表現，結果其實比基準表現更好（他們同樣有所不知）。無論得付出什麼心血，來努力扭轉事與願違的比賽經驗，顯然這兩人都做到了。

承上所言，所以，扭轉頹勢究竟需要什麼呢？不論是面對訓練、比賽和人生，在習慣性選擇化挫折為轉機的運動員身上，有三種特定心態反覆可見：

一、內控取向（Internal locus of control）

二、成長心態（Growth mindset）

三、正向／感恩

對於不太善於擁抱逆境的運動員，好消息是上述心態都可以花時間培養。第一步就是先認識它們。

以事為主的內控者

為了盡其可能地充分運用困境，你必須相信自己有能力改變情勢，這點自然是無庸置疑。然而，並非人人都相信自己擁有改變的力量。「內控取向」指個人為其成敗負責。多數情況下，具有內控取向的人認為，即便外部力量不利於他，他們有能力透過自己的主動積極來實現目標。反之，外控取向的人則是認為，在充滿考驗的情況下，他們得仰賴有利的外部力量才能成功。

研究指出，「內控者」和「外控者」應對壓力事件的方式有所差異，而內控者偏好的應對方法通常會產生較佳的結果。關於此方面的研究，馬里蘭大學的卡爾．安德森（Carl

Anderson）為該領域的先驅。他最著名的研究在一九七七年發表於《應用心理學期刊》（*Journal of Applied Psychology*），其中包含了九十名企業主，安德森觀察他們在影響公司發生「重大災難」後的應對方法，為期兩年半。觀察之初，九十名企業主全都完成了內控取向的評估測試。安德森分析了所收集的數據後指出，「內控者比外控者較少感受到壓力，偏向採取以事為主（task-centered）的因應行為，較少採取以情為主（emotion-centered）的因應行為」。以事為主的因應行為指的是，採取實際行動，以解決或限制當前壓力源的影響（例如：發生火災時拿滅火器）；而以情為主的因應行為包括迴避、冷漠和焦慮（例如：高聲叫著「失火了！誰來幫幫忙！」）。

且讓我舉個耐力運動的實例，以說明內控取向及相關的因應技巧如何有助於人擁抱現實，進而充分化解難關。一九九九年七月十一日，職業鐵人三項運動員史特凡．勞森（Stefan Laursen）結束太浩湖的訓練後，在往佛羅里達州德爾雷海灘的返家途中，由於暴風雨天氣惡劣，使得他原本只是在休士頓國際機場短暫轉機，變成了滯留六小時。更糟的是，史特凡當晚深夜終於抵達佛羅里達時，卻發現航空公司遺失了他的自行車和裝備。這不只不堪其擾，對於史特凡更是大問題，畢竟他隔天一早準備參加在博卡拉頓（Boca

Raton）舉行的可口可樂鐵人三項經典賽（Coca-Cola Classic Triathlon）。此時此刻，外控取向的運動員可能會心想，「沒了車，我明天不可能參賽」。但史特凡認為，比賽靠的不是車，而是他的腿，於是，他向友人借了自行車和車鞋，小憩兩小時後上場，最後贏得了比賽。

遭遇困難時，外控者會灰心喪志，而**內控者則會隨機應變，將精力放在管理問題本身**，而非情緒上。羅伯．克拉爾從膝蓋手術後復出正是一例。二〇一八年二月，羅伯在冬季跑步訓練營的學員陪伴下，邁出了最初幾步，但還要再過數週，他才能全面恢復訓練。羅伯深知臨機應變的重要性，他提醒自己，他真正需要的，並非跑步本身，而是走出室內，利用戶外活動鍛鍊自己的身心，所以，他騎上了塵封已久的登山車。同年八月，他參加了全長一百零四英里的萊德維爾一百英里登山車大賽（Leadville 100 Trail MTB）。羅伯二〇一四年曾在同名的超級馬拉松賽奪冠，這場登山車比賽的舉行時間就在同名的超馬比賽前一週。最終，羅伯在一千六百四十四名參賽者中，名列第十四位，在甚至非他所長的賽事中躋身頂尖運動員之列。

目前已知有五種經證實的有效方法，可培養如勞森和克拉爾的內控取向：

一、**專注於自己可控的事物**：擁有內控取向並不代表相信自己可以掌控一切。而外控者的問題在於，他們所擁有的控制其實比自己認為的還多。為了避免此種情況，每當出現問題，或訓練或比賽可能受影響時，刻意列出（甚至寫下）你可以掌控的因素。例如，假設你正在進行鐵人三項賽的前期訓練，一位友人在賽前三週前往勘察路線，回來後告訴你，湖水冰凍刺骨，水溫僅約攝氏十三、四度。聽聞此消息，外控者可能會憂心忡忡，成天希望湖水在未來三週變暖。但無人能控制天氣，不如將時間和精力花在考量更換適合的裝置（如防寒泳帽），或尋找冷水游泳的練習方法，並為在寒冷的水中游泳做好心理準備。

二、**審視自我**：壓力大時，外控者的想法和言語中，會反覆出現某些自我限制的詞彙或用語，像是「不能」、「不可能」、「我希望」和「有何用」等。從腦海和言語中驅逐此種無可奈何的表達方式，以聽來更掌控大局的說法取而代之。例如，若你原本想著「假期將至，我不可能順利減重，達到一月比賽的目標體重」，不妨改為「假期將至，我必須制定具體的減重計畫，來達到一月比賽的目標體重」。

三、**從聚焦問題，轉向解決方案**：外控者經常執著於問題點上，但內控者則會在正視問題後，迅速將重點轉向找出解決方案。我在教練生涯中，從不允許運動員花過多時間來說明或討論問題的本質。當我看到運動員開始執著於問題時，我會介入並詢問：「所以，現在該怎麼辦？」你自己亦可做同樣的事。長時間思索並正確定義問題，可以甚至必要，但一旦找出問題，就該著手考慮解決方案了。

四、**切勿以極端角度思考**：美國中長跑選手珈布芮兒．格魯內瓦爾德（Gabriele Grunewald）三十二歲因癌症去世前，曾在採訪中說：「有些事即使不盡完美，也值得一試。我覺得，有時候，生活出問題時，我們太快放棄所愛和那些讓我們感覺活著的事物，但我強烈認為，我們必須堅持下去。」外控者之所以太快放棄夢想，其中之一的原因是，當夢想出現阻礙且變得難以實現時，他們想像不出任何在逆境下盡力而為的結果。在他們心中，結局只有全贏或全輸。

然而，珈布芮兒的心態並非如此。二〇一七年，她參加了全美田徑錦標賽首輪一千五百公尺預賽，這場賽事在她化療間隔期間舉行，是她生前最後一場比賽。珈布芮兒三年前曾贏得三千公尺全國冠軍，如今肯定十分希望在此次比賽中再度獲勝，然後繼續贏得半決賽和決賽，再一路過關斬將在倫敦世錦賽中贏得獎牌。然而，癌症讓如此的雄心壯志變得遙不可及，珈布芮兒在比賽中墊底；盡管如此，假使她從未努力盡力而為，也許甚至連站上最後一場比賽的起跑線都無法。當她獨自衝過終點線時，觀眾起立為她鼓掌，其他選手也圍成一圈在她身旁，為她祈禱，用愛包圍她，到頭來，這不僅僅是一場比賽而已。下次，**當挫折誘使你以極端角度思考，讓你眼中只有「全贏」的大目標和「全輸」**想要放棄時，請記住珈布芮兒的精神。

五、尋求協助：無人規定你必須獨自面對考驗。尋求他人協助並不等同於依賴外部力量；反之，它是內控者用來解決問題、以事為主的因應方法之一。例如，史特凡向朋友借自行車和車鞋，以便參加可口可樂經典賽，就是一例。無論你的因應技巧有多高超，有些問題有時仍須借助部分外力的幫助。當你發現自己無法單憑一己之力擺脫困境時，請不要猶豫尋求其他協助。

成長心態：追求進步而非評價

關於擁抱困境的能力，影響深切的第二種心態與如何看待挑戰有關。史丹佛大學心理學家卡蘿．杜維克（Carol Dweck）及其同僚證實，個人認為智力和其他能力是根深蒂固的，抑或可透過努力來提高，對於他們在學業和其他領域的成功有著深遠影響。認為自己的能力無法改變的人，具有杜維克所謂的「定型心態」（fixed mindset），通常難以接受挑戰；而認為透過努力不僅可增進特定領域的知識或技能，還可提升潛在能力的人，則是擁有「成長心態」（growth mindset），且樂於接受挑戰。

你也許會猜想，所有運動員都擁有成長心態。畢竟，運動本質上就深具挑戰，而運動員投注於訓練的時間和精力，不正是基於他們的信念：透過努力訓練，幫助提升他們的體能和表現。整體而言，運動員族群也許比一般人更具成長心態，但運動員之中，有些人也比其他人具有更強的成長心態。

我在教練工作中，從各個運動員應對高強度訓練的不同方式，也清楚地目睹了這一點。杜維克指出，定型心態的人之所以不喜歡挑戰，原因是他們將挑戰視為測試，而測試的結果則是對其能力優劣的評斷。多年來，我與諸多明顯將艱苦訓練視為測試的運動員共事，他們在訓練前和訓練過程中通常會極度焦慮，此種負面的情緒狀態也有礙表現。此外，當情況不利於他們，或身體能力不足時，他們為了達到目標，也可能比其他運動員更容易勉強自己。另外，當辛苦訓練的結果不盡理想時，這些運動員也會很快地陷入恐慌，頓失信心，進而導致錯誤的決定。

我曾經收到一封主旨為「猛按恐慌按鈕」的電子郵件，寄件者是我合作的運動員，他當時正在執行我為他量身打造的訓練計畫。閱讀內文後，我獲知此名運動員在歷經數週毫無問題的訓練後，剛剛完成了長時間的馬拉松配速體能訓練，結果似乎不如預期。這個可憐的傢伙原本訓練一切順利，不過是一次練習不如意，就驚慌失措地「猛按恐慌按鈕」？這就是典型的定型心態。

具有成長心態的運動員，不將具挑戰性的訓練視為測試，而是視為刺激，目的是為了提供努力過後的益處，並非去評斷個人能力的優劣。若是訓練成績可以吸引大量Strava（健身追蹤應用程式）粉絲的讚譽，當然再好不過，但他們很清楚，無論如何，鍛練的目的已經達到。根據我的經驗，以此觀點看待練習的運動員，不會在重要訓練前感到焦慮；

當情況不利或當天身體條件不佳時，也不會不明智地勉強自己；而且，訓練不如預期時，也不太容易慌張失措。

我在與定型心態的運動員合作時，會提供了一些小箴言，幫助他們在具挑戰性的訓練中轉換思維，從結果導向變為過程導向。下列是我的個人最愛：

「做就對了」：這是一句直截了當的自我提醒。訓練的真諦在於身體力行，無論感覺或表現如何，只要完成訓練，自然就有好處。

「時候未到」：若運動員在具挑戰性的訓練中，表現感覺離目標還有一段距離時，多半會感到焦慮。此種焦慮是基於定型心態，也就是忘記了一點，除非你的下一場大比賽就在明天，否則，重要的並不是你今天的體能狀況如何，而是體能是否有所進步；無論當下的訓練揭露你目前的身體狀況如何，具挑戰性的訓練都有助於提升體能。

「達成要求後繼續前進」：並非每次訓練都會帶來卓越的突破。但即便是必須刻苦耐勞的練習，也有不亞於重大突破的價值，同樣可為邁向終極目標奠基。我發現，這句箴言有助於消除艱苦訓練伴隨的挫敗感。

不過，值得一提的是，艱苦的訓練是有選擇的挑戰，由運動員自願規畫並執行。然而，身為運動員，甚至身為人類，我們面臨的諸多挑戰都非我們所選，此時，成長心態將發揮更大影響。如我們所見，許多運動員面對意外的挫敗時，會以各種方式退卻不前，但有成長意識的運動員，則傾向將這些意外視為進步的契機。

一九九九年代，北卡羅來納大學心理學家李察．泰德奇（Richard Tedeschi）和勞倫斯．卡洪（Lawrence Calhoun）提出了「創傷後成長」（post-traumatic growth，PTG）一詞，形容「歷經人生重大危機後帶來的正向改變」。從那時起，諸多研究發現，人在經歷人生重大危機後，大多認為自己因此變得更好，並表示帶來的益處包括：人生有新的機會或可能性、更意識到個人的力量、與他人關係的正向改變、更珍惜生命，以及更豐足的精神生活。

然而，並非人人都有能力在苦難中成長。二〇一二年，泰德奇接受Brainline.com的訪問，當被問及哪些人會經歷創傷後成長時，他回答：「依我之見，較可能經歷創傷後成長的人，是會積極面對而非逃避困難的人；那些樂於改變、樂於接受新事物和隨遇而安的人；那些能接受壞事發生、接受自己無能為力但仍專注於可努力事物上的人；那些對悲劇發生前從未出現過的可能性和選擇……對新機會持開放態度的人。」聽來與杜維克的成長心態十分類似，不是嗎？

明確地說，為人帶來成長的，並非創傷經驗本身，而是我們應對創傷經驗的方式。**以成長心態來處理別無選擇的挑戰，是去為挑戰賦予敘事（narrativize），給與它特殊意義，以推動個人的人生故事走向幸福結局**，即便終場有異於最初的計畫。在克拉爾眼中，自己比起受傷前和憂鬱症前，心態更開放、更活在當下、也更堅韌。現在的他具備了更堅強的特質，他不想輕易放棄，克拉爾告訴我：「我並不希望這些事發生在我身上。」但他也不希望這些事從未發生，因為這些考驗讓他獨特的人生故事更別有意義。

任何嚴重的創傷，都能以更好的敘事成為人生的助力。格魯內瓦爾德去世前幾個月，曾與《晨間動一動》（*The Morning Shakeout*）播客節目主持人瑪利歐．弗萊奧利（Mario Fraioli）進行訪談，她是這麼說的：「我的確認為自己的人生有其目的，也許不是我原以為的那樣，但我認為，它確實在我與病魔搏鬥的某些時刻有所幫助。如果我有選擇，這根本不會是我想要的生活，但**也許這就是我實現人生目的的方式**，試圖提高人們對這些真正需要關注的罕病的認識。我永遠不會自願身先士卒，但總得要有人這麼做。」這段話正好傳達了充分運用困境的態度。

你不一定要患有憂鬱症或癌症等重大疾病，同樣能受惠於人生掙扎的敘事，並培養成長心態。不妨將你的運動歷程（以及密不可分的人生歷程）視為一個故事，將你所經歷的挑戰解讀為此段歷程的必經之路，將有助於你擁抱各種困境，並盡力化挫折為助力。

以正向與感恩改變困境的框架

超越現實者擁抱困境的第三種方式是，不將困難全然視為壞事。即便在最糟糕的時刻，也可能會有許多事發生。每一段意識經驗都自有其層次和面向，永遠不會只有壞的一面。心態正向的人往往會著眼於困境中的一線希望，這也有助於他們擁抱困境。

心理學家將此種技能稱之為「認知重構」（cognitive restructuring）或「認知的重新框架」（cognitive reframing），前者是適用於心理諮商的正式使用技巧，後者則是適用於日常生活的非正式用語。我將認知的重新框架視為尋找最有益的**困境解讀方式**，為可接受的結果懷抱希望的視角。這與單純地以花巧辭藻掩飾截然不同，不像電影《聖杯傳奇》（*Monty Python and the Holy Grail*）中，黑騎士在整隻手臂被砍掉後，不以為意地對亞瑟王說：「這不過是點小傷。」認知重構若想真正發揮作用，對困境的正向重新框架就不可虛假。你改變的是框架，而不是全局。

克拉爾因膝傷而臥床時，他告訴自己：「每次從傷勢中恢復，我都比從前更堅強、有智慧。」他並未欺騙自己，假裝自己沒有受傷，或復出之路會很輕鬆。反之，他將思緒從受傷的疼痛和挫敗中轉移，將注意力集中在當前最有幫助、最有希望的真實事物上。

另一句我鼓勵運動員在困難時刻使用的箴言是——「**我有過類似經驗**」。當你發現自己在過去經歷並克服過的困難中掙扎時，請重複這句話。例如，如果你在比賽中遭遇不順遂，請提醒自己，即便是表現最好的比賽，你也曾經歷過類似的時刻。

更進一步的正向心態，就是練習感恩。一般的正向心態，意味著在困境中發掘好的一面；感恩則是將困境放到更大的脈絡底下，尤其是提醒你事情也許會更糟的情況。最懂得感恩的人，有一部分是曾經瀕死的倖存者，他們幾乎面臨任何困境都能說：「至少我還活著！」這絕非偶然，東華盛頓大學（Eastern Washington University）心理學家阿拉切利．弗里亞斯（Araceli Frias）等人的研究顯示，如同創傷後成長，讓人更感恩的並非恐懼威脅本身，而是之後的觀點轉變。例如，弗里亞斯在二〇一一年發表於《正向心理學期刊》（*The Journal of Positive Psychology*）的論文指出，被要求花一定時間反思死亡的受試者，其感激之情會有所增加。

以運動員而言，因傷勢或疾病而剝奪了個人從事喜愛的運動的能力，幾乎等同於與死神擦肩而過的經驗，而且往往會產生相同效果。二〇一八年八月，美國職業跑者莎拉·克勞奇（Sarah Crouch）接受了左腿股四頭肌的腫瘤切除手術。雖然腫瘤為良性，但長得又大又深，因此，她的外科醫生無法向當時二十九歲的她保證術後能回歸跑步。於是，莎拉在友人的建議之下，在手術前一天，去了她最愛的弗拉格斯塔夫訓練場跑步。在那孤獨的時刻，跑步對她更顯得彌足珍貴。

不到兩個月後，莎拉站上了芝加哥馬拉松的起跑線，傷口還有縫線和繃帶，但她很高興自己能站在那裡；想起一年前的她，當時站在起跑線上，還心想著「我何苦為難自己？」如今態度一百八十度大轉變。二〇一八年，天冷潮濕，對大部分賽場造成了嚴重破壞，但莎拉的感恩心態讓她不僅在這場消耗戰中倖存下來，還獲得了進步七秒的個人最佳成績，在整體比賽中獲得第六名，也是美國選手中的第一名。

莎拉後來告訴我：「我從未真正將跑步視為一種選擇，可是，當我在病房裡，感覺這個選擇受到威脅時，我才真正意識到，自己多麼渴望跑馬拉松，多想可以忍受那天殺的痛苦。」

正如弗里亞斯的研究指出，我們毋須與死神擦肩而過，也不必到了可能永久喪失喜愛的運動能力，才懂得感恩。你所要做的，只需定期練習記錄感激的事物，或撰寫感謝函。我喜歡在訓練和比賽期間，以非正式的方式表達謝意，我也鼓勵合作的運動員這樣做。若有一天，你沿著小徑慢跑，感覺秋光美好，切莫將此視為理所當然，要心懷感恩。若你騎自行車完成了熟悉的上坡訓練，但因為時間未達標準而感到一絲失望，請提醒自己，你的身體健康，你還在接受訓練，而且有機會變得更強健。心懷感恩不僅會讓訓練和賽事體驗更加愉悅；長遠來看，也會有助於你跑得更快。

羅伯．克拉爾等真正懂得感恩的高手，能夠擁抱體育經驗中少有人及的困境。二〇一五年，羅伯下背受傷，診斷出了骨盆不對稱的問題，並進行矯正。他原本也許不會察覺此問題，因此更是對此次的傷勢心懷感激，因為他心知，由於這個契機，自己在未來將成為更具耐力的運動員。

我在報名了羅伯二〇一八年的秋季跑步訓練營後，開始收到他發送給所有報名者的電子報。第一封信的開場白如下：「舉辦跑步訓練營的想法，源自於一股感激之情——隨著我的超馬運動生涯意外起飛，我意識到家人和社群對我的成就有多重要，未來也將持續如此，同時他們在我的旅程中扮演的角色也至關重要。」

實地參加訓練營的經驗，也證實了羅伯所傳達的情懷。我去過許多跑步訓練營，各有風格和所長，但羅伯的訓練營感覺有如聖誕假期。我至今仍在使用在那裡獲得的一些贈品。克拉爾訓練營提供的物品，不僅僅是為了炫示，從防摩擦膏，到各種滿足跑步後對碳水化合物渴望的解決方案，每件物品都經過精挑細選，以滿足訓練營期間出現的需求。而且，我們的胃口也被這裡的飯菜寵壞了，其中有許多都是克里斯蒂娜煮的家庭料理，視覺和味覺上都是饗宴。

在訓練營的整個週末，我仔細觀察羅伯。他是如此投入，如此「精神奕奕」，實在很難想像他深陷低谷的模樣。我猜想，這就是重點。對他而言，訓練營為他提供了一個超越自己的使命，繼續前進的理由。羅伯在歷經人生最黑暗的時刻後八週，舉辦了這個訓練營，很可能因此拯救了他。果真如此的話，他其實並不孤單。不只一位深受憂鬱症和自殺念頭所苦的營隊隊員告訴羅伯，訓練營的體驗拯救了他們的生命。

對克拉爾而言，從術後第一次跑步（他特地將那次跑步留到訓練營時，成了他的人生轉折），到站上二〇一八年萊德維爾一百英里起跑線（距離他在萊德維爾一百英里登山車大賽獲得第十四名，僅相隔一週），這趟歷程可謂一趟感恩之旅。他在萊德維爾一百英里舉行的同一週，才臨時決定參賽，因為他在六英里的慢跑時，發現自己的雙腿感覺出奇地好。羅伯從未在身體準備不足的情況下參加一百英里比賽，但他不在乎，光是能站上起跑線，他便已心滿意足。

比賽在黎明前的暗夜中進行，七百一十二盞頭燈無視一片漆黑開始起跑。克拉爾以他一貫的耐心開跑，當他沿著林蔭大道大步邁進時，克拉爾感覺自己彷彿身輕如燕，一直到後來，這種感覺都並未消退。到了二十四英里處，離開外展訓練（Outward Bound）補給站後，他默默地取得了領先，為那些缺乏耐性的人上了一課。從此處開始，羅伯繼續締造紀錄，從雙子湖（Twin Lakes）到霍普登山口（Hope Pass），這段海拔三千四百英尺高、讓人疲憊不堪的上坡路，羅伯比任何人都更快地跑完這五英里，連雙腿從未受傷的選手也不及他。等到他再度抵達登山口回站時，他的配速已逼近賽道紀錄。羅伯在海拔一萬兩千五百零八英尺處想著，「我多幸運，居然能到這裡來」。

羅伯再度經過雙子湖時，看到了數千張歡欣鼓舞的面孔，還聽到了他過去只在安大略省的體育館中聽過的歡呼聲，比起他五年前獲勝時，如今似乎有更多粉絲，發出了更多喧鬧聲。但是，改變的並不是人群的規模，而是羅伯本人，這就是心懷感恩帶來的轉變，它改變的並非現實本身，而是人如何看待現實。

羅伯比亞軍早了近兩小時衝過終點線。他高舉著冠軍旗幟的瞬間被相機捕捉了下來，從照片上顯示，他雙眼緊閉，臉朝向天空，微張的雙唇露出既疲憊、安慰、又充滿勝利和感激的淺笑。若擁抱現實所有不完美有一張面孔，那麼羅伯．克拉爾的神情正是最好的代表。

距離聖羅莎國際鐵人三項賽五個半月

今天，我和新教練曼蒂上了第一堂課。我們約了早上六點半在聖布魯諾見面。這個舊金山半島南部的小城市，距離我住的中央谷約一百多英里。所以，你可以想像我必須多早起床；若不曉得的話，讓我來告訴你：三點五十分。

過去五個月，我自己開始練習游泳，但一直毫無進展，令我有些沮喪。於是，我上網找到了曼蒂。我的目標是，希望能在六十分鐘內完成聖羅莎鐵人三項的游泳賽段，但顯而易見的，若沒有專家的幫助，我無法實現此目標。話雖如此，如果我可以不用在天亮前起床就能得到需要的幫助，那就更好了。不過，當我今天早上在交通尖峰中緩慢前進，信箱堆滿了未讀的電子郵件，還有待辦事項清單在家等著我處理時，我試圖擁抱所有的麻煩事，將此視為我為努力泳游的象徵。

我之所以有自信相信所有的麻煩都值得，是因為先前已有過類似經驗。我在一九九〇年代末開始加入鐵人三項賽時，犯了一個從跑者轉型為鐵人三項選手的典型錯誤，就是認為自己可以像成為優秀的跑者一樣，透過鍛鍊體能來成為一名游泳好手。可是，游泳表現更關於技巧，而非體能。我自己埋頭苦練了四年後，泳技只比當初有些許進步。於是，我雇了一名教練，錄下我的游泳姿勢並給我一些指導，然後我再回家練習。我永難忘懷一切感覺到位的那一刻。原地踏步了五年之後，我從泳技平庸的運動員，瞬間成了表現相當不錯的能手（按照鐵人三項標準）。下一場比賽中，我的泳速在我的分齡組中排名第七。

可惜的是，不久後我就擱置了鐵人三項賽的練習，專注於馬拉松的訓練。當我在二〇〇四年重回泳池時，發現自己又回到了先前泳技平平的狀態，而且遲遲找不回當初的「神乎其技」。我在曼蒂的公寓大樓社區中心的小型室內游泳池邊，向她解釋了這一切。她只靜靜地吸收資訊，甚少有所評論，也許是在心理評估著該如何讓我成為更好的泳者。

我們先進行了一些陸上訓練，主要是為了改善我的身體位置和姿勢：站直，微微收緊下巴，肚臍向內收；手臂高舉過頭，同時專注於將手臂和頭部保持在三條不同「線」上；左臂往下，同時將髖部往右轉，然後換邊進行。曼蒂要我在家中浴室鏡子前固定做這些練習，我會謹遵她的指示。

在水中，曼蒂帶著我完成她剛剛在陸地上要我練習的動作。然後，她讓我游個幾圈，同時仔細檢視我的技巧。她評價我的泳姿「整體來說還不錯」，接著列舉了幾種改進技巧的方法。其中包括肩膀放鬆，讓我的手臂更自由移動，而且可以在划水時啟動我更強壯的背肌；打水時，腳趾稍微向內；然後，手肘伸直，將回復手從身體上擺開，讓手靠自己的動能繞圈，而不影響我的姿勢。最後，曼蒂也在我練習這些調整後的技巧時錄了影。

下課後，開車回家的途中，我隱約感到不滿。我旋即意識到，根本問題在於，我自認自己的游泳姿勢有一大缺陷，也就是身體位置不佳，但曼蒂卻並未處理這點。十六年前，當我從泳技平平彈指間成為游泳好手時，我發現了一個竅門，只要在水中稍微抬高臀部，下半身產生的阻力就會減少，此舉的成效不僅明顯，還可以實際測量，游泳瞬間變得毫不費力，當時我數了數，從泳池一端游到另一端，手少划了兩下。我並非認為曼蒂的意見不好（天呀，她忘記的游泳技巧比我知道的還多），只是在我看來，她的建議似乎並未觸及問題核心。

果真如此嗎？經過數分鐘沉思，我內心的監察員介入，警告我不要固執認為：只有重現二〇〇三年發現的竅門，我才能再次將泳技提升到不錯的水準。猶記二〇〇九年時，我最後一次進行鐵人三項訓練，當時的自己就是因為過度堅持如此的執念，差點把自己逼瘋。我反覆嘗試著挖掘身體記憶，試圖找出並重現一切感覺對了的那一刻，一次又一次，我懷著焦慮和期待來到泳池，想起先前忘記的事，比如把臉壓進水裡，或者划水之間滑行更長時間等等，結果卻發現毫無作用，然後帶著失望回家。

超越現實者面臨我的處境時，絕不會讓自己落入這個陷阱，所以我也不能。超越現實者不會浪費時間希望現實有所不同。希望自己能像從前一樣輕鬆游泳，基本上就是希望回到過去。無論我在二〇〇三年做對了什麼改善身體位置，憑的全是運氣，而只有傻瓜才會把成功押在運氣上。運氣無法複製，然而，是某個特定過程使這點運氣幾乎成為必然的因素，而這個過程是可複製的，我現在就正透過和曼蒂的合作來複製過程。我必須專注於此過程，讓它引導我，也許我會透過與從前不同的方式回到毫不費力的游泳，這完全大有可能。

另外一件事是，我先前過於執著重新發掘舊技巧，讓游泳變得毫無樂趣可言。每次游泳的每一次划水，我都在與曾經技巧嫻熟的自己做比較，鐵定不會樂在其中。我承認，樂趣和能力密不可分，我不能期待游得差的自己，像從前游得好時一樣享受游泳，但重點在於，我必須盡量享受游泳的樂趣，因為從現在到聖羅莎鐵人三項賽，我在這段期間將花上數百小時游泳。若不享受的話，這可會是一段很長的痛苦時間，不過，我相信樂趣與能力的關係是一體兩面，也就是說，若我能先享受游泳的樂趣，能力某種程度上也許會隨之進步。

5 因應現實，不畏觸底

以阻力為助力，化障礙為道路。

——馬可・奧理略（Marcus Aurelius）

二〇〇七年夏季，我擔任迪恩．卡納澤斯（Dean Karnaze）的四人支援團隊，他準備參加惡水超級馬拉松賽（Badwater Ultramarathon）。惡水超馬是一百三十五英里長的長跑競賽，從陽光炙熱的死亡谷（Death Valley），一路陡升至強風吹拂的惠特尼峰（Mount Whitney）。比賽前夕，迪恩和我參加了在當地小學舉辦的行前說明會。進門時，迪恩看到了一名舊識，一個英俊無比、人高馬大的光頭男子。

迪恩問我：「你認識大衛．哥金斯（David Goggins）嗎？」他朝著那名大個子的方向點了點頭，「不認識？你一定要見見他。」

所以，我們見面了。大衛似乎對我興致不高，對迪恩也只是稍微熱情一點——抑或他就是生性冷淡寡言。

迪恩問他：「準備好迎接明天的比賽了嗎？」

大衛答：「準備好速戰速決這一切了。」

迪恩低聲對我說：「他聲稱自己討厭跑步。」

大衛說道：「我的確討厭跑步。」

語畢，兩位選手互相祝彼此好運，分別於禮堂兩側就座。

三年前在惡水超馬奪冠的迪恩，這次比賽異常辛苦，一路且跑且走，以第十名完賽。同時，體型如美式橄欖球中後衛般魁梧的哥金斯則是獲得了第三名。

這位聲稱自己討厭跑步的選手不但心甘情願地跑步，還跑得格外出色，讓我深感興趣。後來我在YouTube上搜尋大衛，發現了他登上頒獎台後的一段簡短採訪。影片中，惡水超馬賽事總監克里斯．科斯曼（Chris Kostman）請大衛坐上折疊椅，為他掛上獎牌，並向他祝賀時，周圍聚集了一小群人，鏡頭裡的他面無表情，一語不發，甚至連「謝謝」都沒說。唯有等到科斯曼開始直接提問時，惜字如金的大衛才開了口。

「你現在感覺如何？」

大衛以幾乎聽不見的聲量，咕噥道：「我毫無保留。」

科斯曼急忙填補尷尬的沉默，提示他：「你過去一年可說是有長足的進步，今年參賽有設定時間目標嗎？」

大衛終於展現更多活力，說道：「我只希望能在場上全力以赴，而我也這麼做了。」

兩年後，大衛．哥金斯接受《鐵人》（*Triathlete*）雜誌的人物專訪時，我對他的興趣有增無減。採訪報導中，大衛談到了自己如何從叛逆青年，成為海豹部隊，然後再踏上超馬之路。過程中，他說出了許多值得謹記的雋言，例如：被問及他是否服用任何保健食品時，他回答：「有，我每天早上都會服用一顆『接受現實』的大藥丸，然後配著一罐名為『堅強』的提神飲料吞下去。」

大衛早年在紐約州水牛城長大，他的童年並不快樂。家中只有兩名男孩，身為么子的他，身體和精神上經常受到父親的可怕虐待。他的父親強迫兩個兒子和妻子在他經營的溜冰場無償工作，一週六晚。熬夜辛勞工作的大衛在校時難以保持清醒，腦袋也無法好好思考，學業落後。回到家中，他還得時不時忍受赤裸裸地被皮帶抽打。某天下午，他的父親用槍指著他，大衛此時才意識到，他並不在乎自己的死活。當時的他才八歲。

此事件發生後不久，大衛的母親覺得她受夠了，於是，帶著兩個兒子逃回位於印第安納州鄉下的娘家。不過，大衛雖然到了新環境，日子卻沒有比較好過。他的課業嚴重落後，出現了令人無力的口吃問題，還掉了一半的頭髮——他後來才了解，這些都是「毒性壓力症候群」（toxic stress syndrome）的症狀。雪上加霜的是，當地還有種族歧視問題。在原本清一色人種的小鎮上，大衛的膚色也相當引人注目。高二秋季，他在西班牙語課的筆記本裡，發現字跡潦草的死亡威脅；同年年底，搗亂者刻意在他的車噴上了「黑鬼」二字。

大衛認為自己根本不可能出人頭地，索性自我放棄。他經常翹課，而且還被籃球校隊除名，並非因為能力不足，而是由於缺乏努力。大衛眼見上大學無望，所以選擇加入空軍，幻想成為傘兵救護員，但他無法通過訓練的水性測試（water confidence test）。四年後，他再度成為平民，一個體重將近一百五十公斤的獨行俠，職業是在快餐店除蟲——理所當然地，這是一份夜班工作。

有一天早上，結束一晚格外勞累的夜班工作後，大衛偶然看到一部關於美國海豹部隊的電視紀錄片（若非如此的話，天知道他的人間煉獄還會持續多久）。這部紀錄片主要關於著名的「地獄週」（Hell Week），這是有志成為海豹部隊的學員初受訓時，必經的一百三十小時成年禮，目的是為了淘汰不合格的人選。大衛看著二二四期的學員懷著崇高的目標受苦受難，重燃起了他的戰士魂，隔日他就開始打電話與招募人員接洽。他花了三個星期，才找到願意讓他一試的人，而且他的機會渺茫，大衛只有六個月的時間，必須一口氣減掉四十八公斤，還得通過入學考。

面對如此大的挑戰，若不放手一搏，幾乎不可能做到，而大衛也全心投入。他辭去了工作，戒掉夜行動物的生活方式，幾乎不間斷的運動，勤奮讀書，採行幾近半飢餓的方式減重。一般的日子裡，他凌晨四點半起床，邊讀書邊騎健身車兩小時，游泳兩小時，然後進行循環肌力訓練，接著又邊騎車邊讀書幾個小時，短暫休息吃一頓簡單的晚餐，然後睡前再騎兩小時的車。這是相當累人的日常例行程序，但的確發揮了效果。大衛成功減重，並通過了入學考試，在二〇〇〇年一月加入了科羅納多島（Coronado Island）的基本水中爆破訓練（Basic Underwater Demolition/SEAL，BUD/S）二三〇級。

在為期二十四週的訓練計畫進行一週後，大衛感染了雙肺炎。教官發現他在進行圓木搬運訓練時，咳出帶血的痰，他們把他拉了出來，幾分鐘後卻發現他又回到了原木底下。這個過程重複三次後，大衛從訓練中被澈底地拽了出來，並降級到二三一級。第二次受訓時，大衛的膝蓋骨搖搖晃晃，還有嘔吐引起的疼痛，但他努力隱瞞，並熬過了地獄週，直到醫生要他進行X光檢查，結果顯示他膝蓋骨折，又因此降級到二三五級——這是他的最後機會。

這次是他的腳：第三週時發生應力性骨折，比膝蓋骨折更痛，但哥金斯拒絕讓疼痛成為阻礙，他咬牙撐了過去。二〇〇一年八月十日，大衛以全班第一名的成績畢業——距離國家亟需像他這樣的勇士僅一個月又零一天。

關於BUD/S和美國突擊兵學校哪個較難，向來是爭論不休的話題。大衛隨海豹部隊第五小隊兩度被派往伊拉克後，在二〇〇四年時成為首批完成兩項訓練的人之一。隔年，大衛為了紀念五名在阿富汗殉職的海豹部隊隊友，起心動念想做點驚天動地的事，於是決定參加在聖地牙哥舉辦的一百英里路跑。當時的他，體重重達一百一十三公斤（他開始從事健力訓練），而且過去六個月從未跑超過一英哩的距離，但他懂得如何吃苦。大衛完賽時，數根蹠骨骨折，腎臟受損，途中還腹瀉了兩次。可是，他卓越的心理素質與壯舉，不僅一如預期為特種部隊勇士基金會（Special Operations Warrior Foundation）募得了大筆資金，還取得了二〇〇六年惡水超馬的參賽資格，最後獲得了第五名。

海軍利用大衛透過跑步獲得的關注和知名度，聘請他來幫助推廣弱勢族群的招募，他走訪各大校園和大學，分享個人故事。同時，他也繼續參加超級耐力比賽，如惡水超馬和超級鐵人賽[2]。

二〇〇九年六月號的《鐵人》雜誌刊登了大衛的人物介紹，並於五月十日發刊。十天後，新聞報導大衛在當時差不多時間接受了心臟手術，以修復新發現的先天性缺陷，心臟的破洞限制了他的心臟部分正常功能。原來，不論是BUD/S、突擊兵學校、海外任務、惡水超馬或超級鐵人賽，**所有一切，大衛的確都不是「全心全力」去做的。**

因應現實三步驟

要因應現實的困境，意味著你必須充分運用困境。如我們所知，要做到這一點，你必須先接受現實（意即承認不樂見的情況，以保留自己做選擇的能力），然後擁抱現實（即決心盡力扭轉頹勢）。但是，接受和擁抱挫折並不保證你就能因應現實。換句話說，即便你接受了人生給了你檸檬，並決定用它們製作檸檬汁，你還是必須自己動手去做出那杯該死的檸檬汁。

在我看來，沒有任何運動員比大衛・哥金斯更貫徹第三步了。但是，他和其他人一樣，都必須先做到前兩步，才能到達第三步，這絕非易事。大衛一生命途乖舛，部分的困

2 Ultraman triathlon，為期三天的賽事，包含了六・二英里的游泳、九十英里和一百七十一・四英里的自行車賽，以及五十二・四英里的路跑。

境是他自找的，但有一個困境，他毫無選擇，就是他可怕的童年，而大衛必須接受和擁抱這個特定現實，然後才能妥善地因應現實。

大衛在其二〇一八年出版的自傳《我，刀槍不入》提及，他在二度和三度嘗試完成海豹部隊訓練之間，出現了個人危機。當時大衛因為膝蓋骨折回到印第安納州休養，他心灰意冷，負債累累，婚姻不幸福，又剛發現自己即將為人父，這一切都使得他想成為海豹部隊的意志開始動搖。關鍵時刻在於，有天晚上，他在母親的沙發上，意識到了自己長久以來，一直受到恐懼支配，而這份恐懼源自於幼時赤裸裸受到皮帶鞭打。他心知自己想克服恐懼，真正能做的唯有接受此事實，並擁抱它，如此一來，他才能解放自我，活出真正的自己。

大衛寫道：「我所有的恐懼，都來自於我作為大衛·哥金斯過去所經歷的一切，以及所承受的根深蒂固的不安。我在母親的沙發上，當晚月色皎潔，而我面對著自己內心的惡魔，面對著自己，我再也無法逃避我的父親，我必須承認他是我的一部分。」

哥金斯長年**在直覺驅使下**，**一直試圖挑戰自己承受痛苦的極限**，並突破這些限制，希望藉此征服自己的心智思想，但他從未成功。在這個真摯省思的夜晚，二十七歲的大衛在母親的沙發上，終於接受了自己試圖解決的問題，其實真正的本質是：恐懼和自我拒絕。這些都是人生給他的檸檬，也是他潛在的困境，而大衛唯一的解方就是接納自己，如此才能一勞永逸地讓父親不再擁有傷害他的力量。這就是製作檸檬汁的意義。現在，他必須要做的就是，擁抱這個解決方案，然後自願受苦，重新尋求控制自己的思想，但現在的他已經清楚自己為何而戰。這一次，大衛成功了。

現在讓我們來檢視一下，大衛．哥金斯成功因應現實困境的過程以及其他範例。為了因應你已接受和擁抱的困境，需要下列三大要素：

一、了解事情的本質（The what）
二、釐清原因（The why）
三、擬定策略（The how）

上述三件事彼此息息相關，而每件事都必須以深入了解現實為基礎。

了解事情的本質：設定目標

大衛・哥金斯總愛說：「我本該成為統計數據之一。」然而，克里斯・威爾森（Chris Wilson）在令人驚嘆的東山再起之前，他確實是反映困境的負面統計數據之一。然而，他在自傳《整體計畫》（*The Master Plan*）中詳述了自己人生變化的歷程。克里斯雖不是運動員，但他的人生故事為個人提供了寶貴的模範，可作為充分運用困境的虛擬藍圖，無論是運動員還是非運動員，都可以藉此學習如何在困境中做出最好的選擇。

一九七七年出生的克里斯，人生遭遇了雙重不幸。一是身為單親母親的孩子，而母親卻耽溺於毒品，而且總是與壞男人交往；同時他又生長於貧困充斥的巴爾的摩地區，青春期時正值古柯鹼盛行巔峰。克里斯如同周遭其他人一樣，為了生存，做了他覺得必要的事。不幸的是，他心目中必要的事就是攜槍，並且在他十六歲的某個夜晚，因為兩名男子在漆黑街道上威脅他，所以他便用槍射殺了其中一人。威爾森犯下了如此駭人但幾乎不可避免的錯誤，後果就是面臨終身監禁且不得假釋的命運。

克里斯服刑第一年全是虛度。由於看不見未來，他陷入了極度的自暴自棄，甚至不梳頭，也不刮鬍子。後來，一名年長的獄友為克里斯樹立了榜樣，在對方的影響之下，他開始改變自己。接下來的十五年裡，克里斯拿到了同等於高中文憑的普通教育發展證書（GED），以及兩年制大學頒發的副學士學位；自學義大利文、西班牙文和中文；加入監獄的受刑人諮詢委員會，隨後還成為了主席；開始了贏利（即有利於監獄）的攝影生意，還為獄友們創辦了一些自我成長社團，如讀書會和不動產群組等；此外，克里斯還戰勝了不可能，獲得減刑聽證會的機會，並在聽證會上再度突破難關，成功獲得釋放；出獄後，他成為社會企業家，創辦了幾家公司，為更生人提供就業機會。

克里斯轉變的第一步就是，清晨早起，獨自到監獄的院子跑步，清醒自己的腦袋。他下定決心不再自暴自棄，並試圖盡力而為，於是，他自問了一個簡單問題：「你希望自己的人生如何收場？」克里斯很清楚，他不想老死在監獄，也不希望自己在獄中當個行屍走肉，但他真正想要什麼呢？他花了幾天時間，用紙筆寫下自己的答案，將他期望的人生結局稱為「整體計畫」。隨後幾年，他一步步地實現自己的目標，計畫也不斷修改。

事情出錯時，我們最先意識的是自己不想要什麼，然後才清楚自己想要的目標，並以此作為當前現況的替代選擇。例如，你在跑馬拉松的中途，配速完美，正準備超越自己的目標時間，此時左小腿開始抽筋，迫使你不得不減速。你當下的第一個反應，可能是感到失望，並希望抽筋不要發生。這是人之常情，但為了扭轉情勢，你必須盡快從「希望事情沒發生」，轉換心態到「願意採取行動」，用替代選項來取代原來的目標。若跑馬拉松的中途出現小腿抽筋的情況，最佳做法可能是挑戰自己，找到並維持肌肉不會再抽筋的最快配速。

碰到不樂見的情況時，釐清自己期望的結局十分重要，原因有二。一是此舉有助於轉移注意力，讓你從希望當下發生的事不要發生（否認現實），將心思轉移至開創自己偏好的現實，幫助你重新回到現實。此外，自行定義挫折底下的最佳結果，然後提出新目標，也可增加機會，達到你滿意的成果。

部分情況下，合理的替代方案顯而易見，如同上述的例子。其他情況下，可能會有多種替代方案，你必須自行決定最適合的解決辦法。假設你在一場重要比賽中失常，因為承受不了期望的壓力而嚴重表現不佳。沒有運動員願意表現失常，這點毋庸置疑。不過，接下來你想如何應對呢？可能性有數種，你可以降低期待或暫時不參賽，來避免未來表現失常。抑或，你可以不甘示弱，用失常的恥辱作為養分，驅策你在下一場比賽中獲勝。另一種選擇是，找出比賽失常的根本原因，解決問題。在你體育生涯的某個特定時刻，任何一項目標都可能是適合的選擇。關鍵在於，決定權在你手上，一切操之在己。

遭遇特定挫折時，若想正視情勢找出相應的對策，必須要努力主動積極，不僅僅是希望事情沒有出錯，通常還需要深入反思。如此一來，挫折就會成為轉機，讓你真實面對自己，決定自己真正想要什麼，而不是一心追求你認為應該追求的膚淺目標。通常，當事情出了差錯，最初的目標就不復存在，你需要一個新的或備用目標。倘若你有深層的潛在目標，既明確體現你的價值觀，又符合你理想中的運動員（或人），那麼提出新目標就會容易許多。

大衛．哥金斯深知自己為何而戰。二〇〇七年惡水超馬的採訪，科斯曼詢問了大衛的目標，他回應：「我只希望能在場上全力以赴。」這些話代表了他參賽以來每場比賽的目標；抑或更確切地說，自從聖地牙哥的惡水超馬一百英里資格賽以來的目標，他在那場比賽的八十一英里處，茫然不知自己要如何完成最後的十九英里，那時他才體悟到，原來自己所以為的目標並非真正的目標。大衛的目標幾乎打破了所有目標設定的規則，完全不符合由五個英文單詞的首字縮寫而成的「SMART原則」——明確的（Specific）、可衡量（Measurable）、可以實現（Achievable）、有關聯性（Relevant）和有時間性（Time-bound），但這不重要，因為對他而言，這是完美目標。

大衛談到他在惡水資格賽八十一英里處的頓悟時，寫道：「我終於意識到，這場戰鬥無關乎紅翼行動（Operation Red Wings）或陣亡將士的家屬，這些都無助於我在上午十點前完成最後的十九英里。不，這次的路跑、惡水超馬以及我渴望將自己推向毀滅邊緣，全都關乎於我自己，關於我願意承受多少痛苦、我還能承受多少痛苦，以及我必須付出多少心力。」

毫無疑問，大衛最後跑完了剩下的十九英里，但抵達終點點並未賦予他成就感。反而是比賽結束後約一小時左右，當時他以胎兒的姿勢蜷縮在浴缸，排出了血尿，他的妻子瘋狂地打電話給醫生和醫院，哥金斯在回憶錄中寫道：「這最後一部分，此刻的痛苦和折磨，就是我的頒獎典禮。」

若你仔細觀察我先前提及的 YouTube 影片，會發現完賽獎牌掛在大衛的脖子上，而畫面上看不見的少數觀眾在一旁鼓掌時，大衛並未露出笑容。但當科斯曼問他感覺如何時，大衛的確閃現了一絲微笑並回答：「我毫無保留。」

目標達成。

釐清原因：動機與承諾讓人堅持到底

幾乎每場耐力賽中，我們都會在某個時刻自問：「我這是何苦？」這是我們的腦袋在和心靈確認，判斷終點線是否值得我們忍受當下的折磨繼續前進，更別說還有之後伴隨而來的痠痛。面對這些時刻，我們該如何反應？大衛．哥金斯在《我，刀槍不入》中提供了一些建議：「當你感到心煩意亂時，關鍵就在於持久力。若是艱鉅的體能考驗，你也許得先戰勝自己的心魔，才有辦法擊敗對手。這意味著你得在心裡預**先練習一個簡單問題的答案，而這個問題肯定會不停浮現：『我在這裡幹什麼？』**若你預知那一刻的到來並準備好答案，便能在瞬間做出決定，忽略一時的脆弱繼續挺進，明瞭自己為何而戰而堅持下去！」

此番忠告所隱含的想法是：運動員的參賽理由各有不同。然而，並非所有的參賽理由都能鼓勵人堅持到底。不妨比較下列對於『我在這裡幹什麼』提問的假設性答案：

- 因為我想與跑者吉姆約會，想給他留下好印象。
- 因為我想為孩子樹立堅強和決心的榜樣，身為父母是我人生中最重要的角色，若我中途放棄，會覺得自己是失敗的家長。

顯而易見，第二個原因更能激勵運動員堅持到底。一般而言，運動員認定比賽的利害得失越高，就越會付出百分之百的努力。對大衛來說，生活基本上就是一連串赤裸裸的皮帶鞭打，而生存之道就是「讓心志變得堅韌」，以承受人生的苦難。他之所以跑超級馬拉松，不是因為喜歡跑步，而是因為這是讓心志變堅韌的最佳方法之一，前提是他必須歷盡艱辛才能抵達終點。大衛的賭注相當高，這就是為何他可以從事極限的體能運動，像是在毫無訓練的情況下跑完一百英里的馬拉松。

心理學家將此種現象稱為動機強度（motivational intensity）。動機強度理論由傑克・布雷姆（Jack Brehm）於一九八〇年代提出，是關於人類動機的通用理論，最近廣泛應用於運動領域，最著名的就是薩姆勒・馬拉科（Samuele Marcora）的耐力運動表現心理生物模型。布雷姆的理論認為，個人從事困難任務時，通常具有特定程度的潛在動機，而此動機預先決定了他們為了實現目標願意付出的最大努力。若達到目標前，先達到了努力的極限，他們就會放棄。馬拉科認為並透過設計巧妙的實驗證明，耐力賽如同其他任務一樣，運動員中途退賽或比賽遭遇極點[3]時，並非因為身體上達到了嚴重的體能極限，而是由於運動員有意識或下意識地判定，繼續前進必須付出太大努力。**硬性的身體極限確實存在，但通常達不到**（除非是如熱衰竭等特殊情況），原因是下列兩種情況總會有一種先發生：一是達成目標；抑或，堅持追求目標所需的努力超過了運動員的動機，而運動員選擇放棄。

然而，以耐力賽來說，難就難在於，真正到達極限之前，你永遠不知道必須忍受多少艱辛才能成功。採納大衛．哥金斯建議、並練習回答「我在這裡幹什麼」的運動員，肯定會比其他人做好更多心理準備來面對現實，但他們的答案是否提供了足夠的潛在動機，足以讓他們克服辛苦折磨，得要到了努力的極限才見分曉。每位運動員都認為自己的參賽動機足以推動他們朝目標前進，否則他們何苦來哉，但利害攸關的運動員（例如：為孩子樹立榜樣）比起動機淺薄的人（如：給約會對象留下好印象），更可能堅定信念。由此可知，那些比賽動機與深層價值觀連動的運動員，對自己更加誠實，因此，他們也甚少在認輸時被迫承認：「我猜我並不如自己所想的，那麼希望達成目標。」

3 hit the wall，又稱撞牆期，指身體或精神上太疲倦，以至於無法繼續手上的事情。

有趣的是，哥金斯本人並不相信動機。他在自傳中寫道：「動機根本改變不了任何人，就算是最能鼓舞人心的談話或心靈勵志技巧，也不過是暫時的解決辦法，無法扭轉人的思維。」對哥金斯而言，所謂「扭轉思維」意味著「讓心志變堅韌」，以承受痛苦，要做到這一點，必須付出極大努力，而不是巨大的動機。對於大衛的看法，恕我無法苟同——努力的意願從何而來？你想得沒錯，正是動機！

試想吸毒者為了取得毒品願意付出多大努力。為了尋求下一次的滿足，他們多麼地頑強、機謀詭詐和以身犯險，就算是競賽時的耐力運動員，也鮮少有人能與之匹敵。難道這些癮君子的心已經無堅不摧了嗎？其中有些人或許如此，但神經心理學最新研究顯示，成癮物質是透過劫持大腦的動機系統來發揮作用。換言之，成癮者的大腦和你我之間，唯一的真正區別在於：大腦想要什麼以及渴望的程度。

毫無疑問，追求目標時，除了動機之外，諸如意志力等其他心理因素，對於痛苦的耐受能力也有影響。真正面臨生死關頭時，每個人的動機多少都差不多，但有些人（也許是心志較堅韌的人）會比其他人更奮力求生。儘管如此，在日常生活中，包含運動時，凡事都與動機有關。若你真心想達成一個目標，隨著時間推移，其他要素也會自然而然地發展而出。

截至目前討論的「動機」，只是因應現實三步驟中「原因」的前半部，密切相關的，還有後半部的「承諾」。動機是想做某事的慾望；而承諾則是致力於某事的諾言，可能有或沒有潛在動機。致力於真正想做的事自然較為容易，但即便並非真心想做，仍可付諸努力；可是，缺乏承諾的動機難以成功。換句話說，**動機和承諾對因應現實的努力有累加的效**用。

實際情況下，承諾與其說是用來完成任務的技巧，更像是個人企圖完成任務的象徵和強化物。當人認真堅持特定意圖時，自然會做出明確的承諾。例如，不太認真減重的人可能會心想，「明天我要開始試著減肥」；但認真想減重的人會想，「從今天起，我要增加蔬菜攝取量到每天三份，然後每天早上步行兩英里，並將飲酒量減少到每天一杯」。

運動員中，承諾也是區分抵達終點者與半途而廢者的關鍵。法國蔚藍海岸大學（University of the French Riviera）的卡琳・柯瑞恩（Karine Corrion）在二〇一八年於《公共科學圖書館綜合期刊》發表了一項研究，證實了這一點。兩百多名選手在參加一百四十公里的越野賽前，填寫了一份調查。這份調查擷取了關於動機、計畫行為和因應策略等資訊，其中衡量的一個變項是：選手完成比賽的意願。你約莫會心想：若不打算完成比賽，誰會決定參加一百四十公里的越野超馬？話雖如此，但選手意圖完賽的程度仍各有不同，有人默默希望一切順利（意圖微弱），也有人明確承諾無論如何都要衝過終點線（意圖強烈）。柯瑞恩的受試者被要求用五分制來評估自己完賽的意圖強度。結果證明，流失率相當高，只有九十六位受試者（四三％）跑完全程，而此群組的完賽意圖平均分數為四．三四，相較於未完賽者的平均分數則為三．〇七。繼自我效能（self-efficacy）之後，由於此項研究，完賽意圖（即承諾）也成為用以推測完賽結果的第二大心理預測因子。

也許最簡單方法，就是採取「不找藉口的心態」（no-excuses mentality），來致力於實現目標。這表示你必須明確地告訴自己，不論如何，你都會完成想做的事。說到在運動中運用不找藉口的心態，持續跑步（run-streak）現象就是很好的例子。選擇持續跑步的跑者承諾，無論晴雨，每天都去跑步。而美國連續跑步者協會（United States Run Streaking Association）規定，跑步者每天至少需要跑一英里，才能獲得官方認證。做出此項承諾的跑者總會發現，過去當他們因為覺得不可能而決定跳過某天計畫的跑步時，其實是在欺騙自己，因為實際上是可行的。

二〇一九年，我寫了一篇關於連續跑步的文章。提姆．奧斯伯格（Tim Osberg）是接受我採訪的其中一位運動員。他當時已經連續跑步七年，在此之前則是因為接受疝氣手術，根據醫囑而終止了二十六年的連續跑步紀錄。提姆在第一度連續跑步期間，曾在暴風雪中鏟除車道的積雪，讓自己能短距離來回分段完成每天的跑步。若是在承諾連續跑步之前，他會說服自己，由於街道和人行道無法通行，那天根本不可能跑步。

克里斯．威爾森也將他的整體計畫視為一項毫無藉口的重大承諾。（他寫道：「我必須完成每一步，即便是我討厭的步驟。」）克里斯預計出獄的前兩年，被移轉至巴爾的摩一所中途之家。一位殘忍且善妒的社工對他處處阻撓，先是為了懲罰他從巴爾的摩大學帶回一張優異的成績單，而減少他的外出時間；然後又扣留了他參加母親葬禮的通行證；最後還把他送回監獄，而且不是普通監獄，而是精神病院，一個恐怖之地，裡面擠滿了排泄在自己身上、鎮日尖叫的囚犯，環境骯髒不堪，連獄警進入前都要先穿上防護衣。在那裡，克里斯繼續他的學業。

克里斯回憶：「我從床上扯下床單，坐在地板上，然後像繭一樣包住自己的身體。我就是這樣讀書的，因為這是唯一可以避開蒼蠅的方法。我在那個繭裡用鉛筆寫著期末報告，我手邊的紙張有限，所以潦草的字跡寫滿了整張紙的正反面和邊緣。我能感覺一旁有蟑螂爬過……顯然，我過不了那門課，我甚至無法繳交報告。但這不重要，重點是我做了作業。」

在此想傳達的訊息，並不是人人都該不遺餘力地實現每個目標。相反地，當你身處困境時，真誠地面對自己至關重要。在這種情況下，任何阻礙你達成期許的事物，要不是理由，要不就是藉口。**無法達成目標的原因，包含了有意識的選擇**（即你自願不付出百分之百的努力）和不可控的因素。藉口是你可以控制的因素，但你可能會指責其他事物，來否認這些因素。人很容易將理由和藉口混為一談，特別是將失敗的藉口視為理由，而非藉口，人們經常如此。正如哥金斯所寫：「不管你信或不信，多數人寧可欺騙自己，將責任歸咎於他人或混亂的環境。」

若是不夠渴望一個結果，而不願竭盡全力來實現目標，以此作為失敗的理由，完全合情合理。但理由果真如此的話，請坦承面對自己，這樣做不僅能展現你的品格，還有助於訓練你的心智，更能夠接受現實，進而幫助你在下一個對你更重要的困境中盡力而為，化阻力為助力。

擬定策略：隨機應變與信念

拳王邁可．泰森（Mike Tyson）有句名言：「在被迎面痛擊之前，人人都自有一套計畫。」雖然非格鬥運動選手不常受到迎面痛擊，但他們的確經常碰到意想不到的差錯，迫使他們不得不放棄計畫，隨機應變；或像我常說的，緊急搶救。高爾夫運動中，果嶺外搶救能力（scrambling）是一種臨機應變的打法，當你開球失誤，球最終落在你無法練習的球位時，搶救能力就十分必要。想要化險為夷，需要你有效地進行搶救。但要如何做到呢？一句老生常談便足以概括從超越現實者所獲得的答案——有志者事竟成。

有些人天生善於計畫。事情一如所願地順利發展時，成為計畫者十分有利；但事與願違時，最好保持高度積極，因為強烈的渴望能讓人急中生智（正如我們在諸多癮君子身上所見），當你發現自己身處困境且亟欲轉敗為勝時，會感到極度的渴求。事出意外時，其實身為天生的計畫者也許弊大於利，因為許多計畫者厭惡不確定性，但臨機應變者則能以不同的心態來應對危機，他們可以且走且戰，順勢找出充分運用情勢的方法，而且，當下最重要的，就是保持戰力。

克里斯．威爾森並非天生的計畫者。他人生中從未設想過未來的計畫，直到他入獄，才開始亟欲改變自己的現況。他僅僅自問：「我希望自己的人生如何收場？」這個問題為他帶來了覺醒，造成了心靈的典範轉移。即便如此，很遺憾的，他最初的整體計畫仍是目光短淺，充滿了膚淺的野心，像是加入「高空性愛俱樂部」和在快艇上開派對等。然而，隨時間推移，克里斯的整體計畫日趨成熟，自我完善的目標（其中一項是跑馬拉松）也取代了原本短視的目光。他證明了命運操之在己，並且幫助他人。因為他立定志向，所以有志竟成。

大衛．哥金斯也不是天生的計畫者。拜託，他可是萌生了參加一百英里路跑的念頭三天後，就報名參賽了！當然，他也因準備不足而付出了慘痛代價。但是，正因（並非盡管）他在此次經驗吃盡苦頭，哥金斯在比賽結束後充滿動力，想看看自己作為超馬跑者的能耐。他精心規畫下一場惡水超馬賽，事先開車勘察了一百三十五英里的比賽路線，標記支援團隊停車為他補給飲料、食物和冰塊的最佳地點，甚至還繪製了地圖，標明可購買物資的加油站和便利商店。

大衛努力想打破二十四小時內完成最多次引體向上的世界紀錄，也遵循了類似的模式。引體向上本來是因為他的心臟問題而做出的應變調整。大衛的心臟歷經兩次手術和長時間的復原，使得他在即便被認定完全康復後，也無法跑超過數英里而不頭暈。他在《我，刀槍不入》中寫道：「當人長久仰賴的活動或運動被剝奪時，如同跑步之於我，內心很容易感到困頓，並完全停止運動。但我沒有放棄，我轉為練習引體向上，（因為）這項運動能讓我鍛鍊自己，而且，因為我可以在組數之間稍作休息，所以不會頭暈。」

他首度嘗試挑戰世界紀錄，是在現場直播的《今日秀》（*The Today Show*）節目。不過，大衛事前除了做大量的引體向上之外，並未為此次挑戰多做準備。結果，他最後距離要打破的紀錄（四千零二十一下）相差甚遠，讓他備感羞辱。大衛受到教訓後，如從軍時一樣完成了完整的事後審查報告（AAR），指出了由於缺乏計畫而導致的諸多錯誤，其中最重要的是，他用了NBC提供的單槓，但事前並未好好測試。兩個月後，大衛二度嘗試，這次他不僅用了更好的引體向上單槓，還換了手套、熱量補給方案、音樂和冷卻策略，但他再度失敗了，這次差了八百下。於是，他又產出了另一份事後審查報告，又等了兩個月，然後三度嘗試。這次，大衛採取了較保守的配速策略，結果證明關鍵在此。大衛比前一位紀錄保持者多拉了九下，然而，相較於長臂且肌肉發達的大衛，其實前一位紀錄保持者的體格更適合做引體向上，正如同迪恩·卡納澤斯比大衛有更好的超跑體格一樣。

關於將運動場上的困境轉化為機遇的「策略」，第二個重點在於信念。根據布雷姆的動機強度理論，所需的努力程度超過個人潛在動機，並非導致個人放棄目標導向任務的唯一因素。另一項因素是，相信目標已遙不可及。正常情況下，沒有人會持續投注精力去追求他們真心認為無法實現的目標。但是，假如一個目標看似幾乎不可能，但又並非完全無法實現時呢？

眾所周知，**每個人所願意承受的風險各有差異**。有人願意將大部分收入花在買彩券上；有些人則不然。像彩券之類的機率遊戲，純粹是在測試個人的風險胃納，但回到運動、工作、人際關係和生活中的多數領域，個人多少能掌控事情的結果時，風險胃納便會受到其他心理因素影響，包括自我效能和樂觀。結果，在實現目標幾乎但並非完全不可能的情況下，有些人認為值得冒險一試，有人卻不見得。

想想金凱瑞在電影《阿呆與阿瓜》中飾演的角色——羅伊（Lloyd Christmas）。電影中有一幕，羅伊問他喜歡的女生，兩人最終在一起的可能性有多大，對方的回答十分殘忍：「百萬分之一。」但羅伊聽到後，並未感到心碎，反倒是欣喜若狂，還孩子氣地笑問：「所以，妳的意思是，我有機會！」

現在想想埃里烏德．基普柯吉，他的教練桑在他首度挑戰馬拉松兩小時極限障礙後，發表了下列關於他的談話，表示專家認為基普柯吉達成目標的機會約為百萬分之一：「直到基普柯吉和Nike首次合作突破馬拉松兩小時極限障礙（Nike Breaking2），我才見識到人類心智的能力。我曉得人的心智強大，但從未意識到有多強大。那天早晨，我看著他的雙眼，他全心全意相信自己會挑戰成功。雖然這次在蒙扎（Monza）並未實現，但他已十分接近了，超乎許多人預期的更接近。那時，我才意識到信念多麼重要。有些人也許會相信自己做得到，但他們真的如此相信嗎？還是只有百分之八十的信念？但對埃里烏德而言，他有百分之百的信念。」

克里斯．威爾森和大衛．哥金斯也擁有類似心態。克里斯的獄友告訴他，被判無期徒刑的罪犯想減刑，根本是白費力氣，但他還是放手一試，而且成功了。大衛接受心臟手術後緩慢復出（更別說他中間還想打破引體向上紀錄的插曲），超馬界幾乎無人認為他有機會重返運動巔峰。二〇一六年，大衛從海豹部隊退休後，贏得了三場超馬冠軍，他的回憶錄也於同一週出版，然後，四十三歲的大衛在競爭激烈的五十公里路跑中獲得了第五名。

第三章中，我們討論了準確感知現實的重要性。不過，**兩個人可以同樣準確地感知相**

同現實，但解讀上卻大相徑庭。以半杯水的故事為例，樂觀者看見的是半滿的杯子，但悲觀者看到的杯子卻是半空的。同一現實，不同解讀。同理，超越現實者看到百萬分之一的機會時，聚焦在那「一個」機會上，而我們多數人看見的則是那「百萬分」的機率。超越現實者並非數學不好，他們只是相信自己有能力成為唯一成功的人。

對於機會渺茫的目標培養此種態度的其中一種方法是，選擇性地追求那些你認為實現機會雖小但並非毫無希望的目標。例如，針對下一場十公里路跑比賽，設定一個你認為自己約有百分之十機率達成的目標。然後，如同基普柯吉為馬拉松兩小時極限障礙做準備一樣，勤勉不懈地為挑戰做準備，然後全力以赴！若你計算無誤，也許最後會挑戰落空，但你沒有失敗，因為這段經歷將轉變你的心態，讓你更勇於應對未來的考驗。也許你永遠不會遇到像哥金斯和威爾森一樣艱難的人生困境，但即使你的目標看似幾乎不可能，我也絕不會斷言你做不到。

距離聖羅沙國際鐵人三項賽兩個月

我最近只用一隻手臂游泳，這當然是別無選擇的情況。我左胸肌肉明顯拉傷，使得左臂舉高時就出現劇痛，暫時無法高舉過頭。若是一舉手就無比疼痛，那肯定無法用它游泳。

當我沒說。事實上，我的確有選擇。既然不想單手游泳，不如忍痛用雙手游泳，或者我可以選擇不游泳。過去幾個月，練習像個超越現實者一樣思考，讓我學會了人永遠都有選擇。事不如意時，我們很容易將自己視為受到命運擺弄的傀儡，但我逐漸意識到，這並非事實。同一困境下，一百個不同的運動員不會都以相同方式處理，其中有些人會將自己視為命運的操控者，而非傀儡，而我正努力在當前處境下，成為操之在我的運動員。

我是在三天前受傷的。那時，我正在完成一組七趟兩百碼漸進速度訓練，我游得十分順暢，感覺和曼蒂一起努力的技巧練習終於看見成效。但第二趟時，我突然感覺左胸一陣強烈刺痛，然後慢慢開始發熱。我當下也許就該立即停止訓練，但我說服自己繼續，因為我必須把握這次機會，來習慣改善後的泳姿，而且如果疼痛加劇，我之後可以隨時停止重訓。結果，疼痛確實惡化了，但不算太糟，所以我選擇了折衷的方案，決定完成此次訓練，然後讓左手休息，直到傷勢痊癒。

隔天，我和曼蒂上了一堂課，但我在課程中其實沒游太多泳，並且在沒有影響傷勢的情況下上完了課。昨天，我自己隨機調整了訓練內容，包括動作技巧練習、踢腿和單手游泳。游完八百碼後，我已筋疲力盡。但僅僅相隔二十四小時後的今天，我居然游完了一千兩百碼。短短時間內，我的踢腿不知何故變得更有效率，可以用更少的力氣產生更大的動能。明天我會繼續訓練，目標是用浮板進一步縮短我游五十碼的最佳時間。

現在的我，將最近的這次意外視為機會，而不是挫折。我一直在思考奧理略的名言：「以阻力為助力，化障礙為道路。」光是閱讀這些文字，無法顯現其深奧之處。奧理略不僅僅是在陳述顯而易見的事實——若有障礙阻礙了你朝向目標的前行之路，你別無選擇，只能處理它。他的意思是，若你抱持著正確態度，眼前的障礙正是推動你朝向目標前進的所需之物。

對超越現實者而言，前方的道路是暢通無阻或困難重重，其實無關緊要。最重要的是——若你是操控命運者，而非命運的傀儡——清楚自己必須運用什麼素材，才能抵達目的地。無論是無法預見的挑戰或意外的突破，同樣都是好事，因為兩者都是通往下一步的有用指引。兩者都是可用的素材，都是由我們無法掌控的力量所選擇的素材。所以，重點其實不在於喜不喜歡哪種素材或你的意見為何，而是你是否具備了處理當前情況的實際技能和面對挑戰的態度。

我是否樂意自己三天前拉傷肌肉？當然不會。但我堅信，我會從中獲得最好的結果。由於目前無法使用左臂，讓我有機會練習一直很糟的踢腿，並專注於練習較弱的右手划水動作，並且更努力練習曼蒂教我的動作技巧。沒受傷時，我常忽略這些事，但現在，它們成了我唯一的選擇，也因此得到了應有的重視。

距離聖羅莎鐵人三項賽剩不到兩個月的時間。我希望並期待未來幾天能恢復正常游泳。然而，傷勢的復原速度可能比我預期的要慢，迫使我得在未來一兩週內，繼續用單手游泳。另一種可能是，我未來幾天完全恢復正常游泳，但舊傷復發，導致我在接近比賽日時，只能用一隻手游泳。我將竭盡所能地避免這些情況發生，但若其中任何一種情況成真，那下一個障礙只會是讓我前進的動力。

仔細想想，除了用右手游泳和用雙手正常游泳之外，還有一個選擇，就是小心地使用左手游泳。這讓我想起了二〇〇三年時，我在泳池取得重大突破時，當時我是以慢動作游泳，那時的教練建議我這樣做，以此來放大我身體位置不佳所付出的代價（即導致身體下沉），迫使我的神經肌肉系統發揮創意，尋找保持在水面上的方法。我等不及要再試一次了！

6 從不幸的厄運中再起

我只害怕一件事：我不值得自己所受的苦難。

——杜斯妥也夫斯基（Fyodor Dostoevsky）

二〇〇四年雅典奧運馬拉松賽，巴西選手范德雷．德利馬（Vanderlei de Lima）在三十五公里處，以二十八秒領先義大利選手史蒂芬諾．巴爾迪尼（Stefano Baldini），突然間，一名穿著傳統蘇格蘭裙、如小妖精般的瘋狂愛爾蘭牧師闖入賽道，將毫無防備、五十四公斤重的選手拖到路旁，盡管因為受到攻擊而落後了十五秒，范德雷很快地恢復冷靜，急起直追，最終獲得了銅牌。

正如上述的離奇事件所顯示，耐力運動中的困境與挫敗形形色色，但總的來說，各種情況均不出三種基本類型：不幸的厄運、大失所望和自我破壞。從策略層面來看，無論碰到哪種情況，充分運用困境的關鍵始終相同：即面對現實。然而，從戰術層面來看，各類困境中，面對現實的過程似乎略有不同。

打個比方，盡管傷害預防的通則適用於各類型的損傷，但防範骨骼易損傷的具體措施，可能有別於用來預防肌腱損傷的對策。同理，身為運動員，想克服任何可能遭遇的困境，必經的三步驟都是接受、擁抱和因應現實。然而，執行此三步驟時，部分工具也許較為管用，主要取決於你是從哪類困境捲土重來——遭遇不幸的厄運、大失所望還是自我破壞？

前述三種基本類型的困境中，遭遇「不幸的厄運」是產出最多知名故事的一種。例如，埃米爾．查托佩克（Emil Zátopek）食物中毒和住院多日後復出比賽，贏得了一九五〇歐洲錦標賽五千公尺和一萬公尺的冠軍；葛瑞格．雷蒙德（Greg LeMond）從一次差點致命的狩獵事故復出，贏得了一九八九年環法自行車賽冠軍，當時子彈仍深植在他的體內；克禮斯．萊格（Chris Legh）在一九九七年參加鐵人三項世界錦標賽期間，罹患可能致命的腸道壞死，最後在兩場鐵人三項賽和七場半程鐵人三項賽（Ironman 70.3s）勝出。前述其中任何一個故事，都很適合用來探究如何從厄運中東山再起。然而，我將在本章檢視一個較鮮為人知的案例，但同樣鼓舞人心且深具啟發。

二〇一九年二月，我在沙加緬度一間健身中心，進行了一場關於心理健康的演講，對象是一群鐵人三項運動員。活動結束後，我留下來和一些與會者喝酒聊天。其中一名四十出頭的運動員自我介紹叫寇特尼．卡達納斯（Courtney Cardenas）。他告訴我，倘若真如我所言，我如此喜愛分享運動員東山再起的故事，那我肯定要寫下他前妻潔咪．惠特摩爾（Jamie Whitmore）的事蹟。

這個名字對我並不陌生，我甚至還記得她的化名：潔狗（J-Dawg）。十五年前，全球各地的鐵人三項迷都被惠特摩爾與公路越野鐵人三項職業運動員梅蘭妮・麥奎德（Melanie McQuaid）之間的激烈競爭所吸引，我也是其中之一，然而這場舉世無雙的世紀對決戛然落幕，原因是潔咪在二〇〇八年時被診斷出患有罕見且特別殘酷的癌症，但我並不曉得後續的故事。寇特尼堅持，潔咪後續的故事——她的復出，正是我需要寫下她的故事的原因。

幾個月後，我才有機會從潔咪本人口中聽到完整的故事。我們約在她家附近的咖啡館見面。潔咪住在加州薩默塞特（Somerset）的一處非建制社區，座落於她家鄉沙加緬度東邊的蓊鬱山丘。她遲到了，匆匆忙忙衝進門，彷彿要找誰算帳一樣，她看見了我朝她揮手，自信地跛行至我坐的位置，她的及膝短褲露出了一截袖狀的黑色護套，是她左小腿截肢後的義肢。我們握手招呼後走向櫃檯，潔咪點了一杯加了打發鮮奶油的白摩卡，而我則點了冷萃咖啡。由於店裡太吵鬧，不適合錄音，所以我們帶著飲料到外面，坐在沒有音樂的露台區聊天。

我查過資料，得知了潔咪在癌症後復出的大部分事蹟，但除了她前夫的觀點之外，我對她復出的心路歷程知之甚少。

當我們找到位子坐下時，我對她說：「寇特尼以野獸來形容妳，妳認為他這話是什麼意思？」

惠特摩爾笑了，顯然明白他的意思。

她說：「我父親說，我出生時就很強悍。」

潔咪幾乎沒有父母在一起時的記憶。她四歲時，他們已經離婚。她要求學游泳，想要像大她六歲的姊姊翠娜一樣，成為游泳隊的一員。女孩兩大部分時間都和母親一起住，但潔咪與父親更親近，她的父親熱愛運動，而且競爭心強烈。在惠特摩爾家，遊戲和競賽是家常便飯，而潔咪總是一心求勝：桌遊UNO、拇指大戰……舉凡你想得到的，她都要贏。

潔咪在當地YMCA學游泳，不到一年，就學會了游泳四式，也獲准加入了姊姊翠娜的泳隊。一切幾乎如潔咪所願，她熱愛訓練、比賽、與隊友的革命情誼和穩定的進步，唯有一件事她不喜歡——她的教練。他時常大吼大叫，潔咪覺得實在過分，在忍受他數年之後，她覺得自己受夠了，於是退出了游泳隊。

此時的潔咪已夢想成為職業運動員，而她所需要的，就是一個專項運動。她打過三年壘球，嘗試在教會聯賽中與父親一起打排球，也在一些八年級友人的勸說下，開始從事田徑運動。不過，如同游泳，她在這些運動中，盡管表現都不錯，但還算不上出眾。雖然如此，她仍篤信自己最終會找到擅長的強項。

一九八九年秋季，潔咪進入沙加緬度南部的高中就讀。隔年春天，她面臨游泳、排球和田徑之間的抉擇。潔咪高一的幾何學老師碰巧是學校的田徑教練，他幾乎每天都纏著她加入田徑隊，直到她終於被說服。不過，潔咪從不後悔這個決定，她一開始就表現得夠好，甚至不需進一步遊說，她就放棄了其他運動，並在接下來三年專注於跑步。高二時，她在加州中學越野錦標賽中獲得了第十五名，大學招生人員紛紛來電，最終潔咪接受了加州州立大學北嶺分校（Cal State Northridge）的獎學金。

潔咪上了大學後，表現依舊十分優異。她以新生之姿，創下校史上一萬公尺賽跑第三快的成績。但她變得有點貪心，里程數增加得太快，因此患上了足底筋膜炎，這是她第一次受傷。不過，潔咪可以說是泰然處之，專注於她能做的事：接受治療。結果，不到六週，她又再度開始跑步，而且從此之後表現得比以往更出色。潔咪在一九九九年畢業前，以十七分五十五點零三秒的成績，刷新了室內五千公尺賽跑的校內紀錄。

問題是，頂尖女大生在相同距離下的速度比她快上兩分鐘。潔咪自認為是個現實主義者，她心知自己永遠無法成為職業跑者，但依舊堅信自己最終會找到最擅長的專項運動。數月之後，她的信念獲得了證實，潔咪看到職業鐵人三項運動員芭芭拉．林奎斯特（Barb Lindquist）贏得全美冠軍後的電視採訪，林奎斯特承認她自認算不上是出色的跑者，這讓潔咪大感震驚，也引發她的思考。

隔天，潔咪說服父親為她買了自行車。跑步對她來說，已經不是問題；她也毫不懷疑只要稍加努力，她的游泳能力自然會恢復；但是，她的自行車能否騎得夠好，讓她能成為真正的鐵人三項運動員，這點還有待觀察。潔咪要學的還很多，包括如何修理洩了氣的輪胎。她最初訓練時，在麋鹿林（Elk Grove）的騎行中爆胎，因而不得不扛著自行車到附近一家店鋪。潔咪到了店裡尷尬萬分，不僅因為她缺乏工具和技能修理爆胎，還因爲她沒錢支付當班的技師。幸運的是，那位技師正是潔咪未來的前夫寇特尼．卡達納斯，他免費幫她修了車。

寇特尼本人也是一名登山車手，他說服潔咪嘗試越野騎行。潔咪如同許多新手，發現練習騎登山車十分令人挫敗，她花在地面上的時間，似乎比踩踏板的時間還多。不久後，她又回到了公路。接著，冬天來臨，潔咪發現了比從登山車摔落更令她痛恨的事——在公路上頂著寒風騎車。於是，她又回到了山徑，決心掌握保持站立的藝術。

寇特尼設計了一個遊戲，為各種失誤設定積分，以激勵潔咪練習俐落地騎車。單腳落地記一分，雙腳落地得兩分；摔車但站著落地，得三分；全摔的話，總分會增加四分。不過，最大的恥辱是走一段路，懲罰五分。以潔咪愛好競爭的個性，她寧願摔車也不願服輸。憑著這種「不騎就死」的態度，她進步神速，不到兩個月的時間，潔咪的表現就超越了寇特尼的車友，並渴望成為職業登山車手。

二〇〇一年春天，潔咪完成了她的第一場比賽，表現十分優異，讓她足以在下一場比賽從新手組晉級至運動員組。賽季結束時，她獲得了職業執照。然而，潔咪並未放棄鐵人三項。當她得知XTERRA越野三項賽將舉辦美國錦標賽，而且地點就在離家只有一箭之遙的內華達州太浩湖時，她在日曆上記下了比賽日。潔咪持有職業登山車執照，因此能夠報名職業組比賽。因此，她也參加了職業組賽事，最後名列第二，屈居於南非選手安愷・厄蘭克（Anke Erlank）之後（厄蘭克不久後成為了世界冠軍）。可是，賽會發現潔咪還持有美國鐵人三項協會（USA Triathlon）的業餘執照時，此執照取代了美國越野登山車協會

（NORBA）頒發的職業執照，使得她無法作為職業選手參賽，因此被取消了資格。

盡管遭遇了卡夫卡式的荒誕混亂，當時二十四歲的潔咪還是找到了前進的方向。一個月後，她參加了在茂伊島舉行的XTERRA世界錦標賽，並且以經過正式認證的職業選手身分參賽。潔咪最終以第六名完賽，雖然成績不如預期，但她獲得了一小筆獎金，也讓她決定全力參與二〇〇二年XTERRA整個系列賽。

隔年四月，經過整個冬季鐵人三項全部項目的平均訓練後，潔咪以近十一分鐘的領先優勢，贏得了塞班島的賽季開幕賽。這是她的第一場勝仗，惠特摩爾在接下來六年裡，一共累積了三十七場XTERRA冠軍。

然而，她並未所有比賽都拔得頭籌，當系列賽回到太浩湖舉辦二〇〇二年美國錦標賽時，潔咪發現自己與梅蘭妮．麥奎德的積分幾乎並列領先。梅蘭妮是加拿大的後起之秀，她的運動背景與潔咪類似，但比賽風格截然不同。梅蘭妮比潔咪高三英寸，重十一公斤，她利用高超的泳技率先取得領先；然後，在自行車上又用原始動力擴大了領先優勢；最後在跑步時，試圖繼續保持領先，但潔咪永遠像個獵人，而非獵物，如同貓捉老鼠一般緊追在後。身為非美國人，梅蘭妮並不妨礙潔咪奪得全國冠軍，但兩人無論是誰率先越過終點線，都將獲得系列賽冠軍以及伴隨的一萬四千美元獎金。

一如既往，潔咪從寒冷的湖水中蹣跚而出，遠遠落後梅蘭妮。追逐戰開始，自行車賽段以隧道溪路（Tunnel Creek Road）海拔一千六百英尺的上坡路段開場，這是一段陡峭且車輪容易打滑的泥沙路。潔咪一路上都不見梅蘭妮蹤影，直到她越過了太浩湖環狀步道的林木線，才終於看到了前方加拿大選手強而有力的身影。潔咪加倍用力踩踏板，決心在對手越過八千七百英尺頂峰後，重力加速度有利於對手之前趕上她。

梅蘭妮鞭策著自己前進，彷彿這個關鍵的最高點是比賽的終點線，而不只是接近中點而已。就在她們接近頂峰的幾秒鐘前，潔咪緊追著梅蘭妮的後輪不放，她短暫地調整了一下姿勢，集中精神，然後全力向前。跑步賽段開始前，比賽就已見分曉，潔咪輕鬆贏得了人生五座全國冠軍中的第一座。一個月後，她抵達茂伊島，強烈期待能在自己的經歷添上一筆世界冠軍的頭銜。類似上一場比賽，當她從自行車轉換至跑步時，已領先美國選手坎蒂・安格（Candy Angle）一分多鐘（梅蘭妮遠遠落後），勝負似乎已成定局。結果，她卻發現賽事人員沒有帶上她的跑步裝備袋。

此事件的影像記錄深具啟發。潔咪如同任何運動員一樣，變得焦躁不安，但她並未驚慌失措。反之，她控制自己能做的事，喊出自己的參賽號碼來幫助工作人員進行搜索，盡量不去斥責他們，以免他們驚慌。然後，她跑回更衣帳篷，仔細再檢查一遍掛在架上等待著主人的裝備袋，並順道脫下車鞋、安全帽和背包，以便找到裝備袋時，她可以立刻著裝。

十八分鐘後，當潔咪在賽場上努力追趕，一名當地分齡組的選手進入轉換區，也發現他的裝備袋遺失了，他澈底崩潰，像燈罩裡的飛蛾一樣在帳篷裡四處亂竄，難以分辨地大喊著他的賽號。潔咪最終名列第二，也許是源於她不幸的意外，但同樣的厄運對誰的賽事經驗造成較大的負面影響，顯而易見。

接下來的賽季中，潔咪和梅蘭妮輪流獲勝，潔咪在九月的美國錦標賽和太浩湖系列賽奪冠；然後，梅蘭妮在十月的世界錦標賽獲勝，潔咪居次。二〇〇四年，情況如故，一路直到系列賽最後一場比賽，但這一次，十月的世界錦標賽帶著更強烈的決心來到茂伊島，企圖打破此一模式。

她在世界錦標賽前夕，告訴哥倫比亞廣播公司體育網（CBS Sports）的電視記者：「這是曾與我擦身而過的一場比賽，我非常想要獲勝。」

比賽一如既往，在茂伊島西海岸的馬凱娜海灘（Makena Beach）開賽。十月的世界錦標賽討厭在開放水域游泳，尤其是波濤洶湧的鹹水水域，所以，她第一賽段的唯一目標就是完成游泳項目。因此，她並未在起跑線上接近麥梅蘭妮，並意圖尾隨她，反倒是選擇了一位實力相近的選手。當她在一千五百公尺游泳的第一趟和第二趟之間出水面時，驚喜地發現，穿著紅白藍相間制服的梅蘭妮正要重新投入海浪中。

更令人振奮的事還在游泳到自行車的轉換區等待著她。轉換區位於距離海岸約半英里的草地上，潔咪在水中落後了梅蘭妮二十五秒，她在此處追回了七秒。她與梅蘭妮錯身時，對方正推著登山車往上車線前進。潔咪賽前精心編排、演練，如今熟練地脫下泳褲，將跑鞋換成車鞋，戴上露指手套和安全帽，一手放在她的Felt RXC硬尾車座椅上，追趕著梅蘭妮，車架上裝飾了一張她三歲的柯基犬里奇的照片。里奇有腸道寄生蟲，必須仰賴著所費不貲的藥物維持生命，成為了潔咪在XTERRA年度賽季巡迴賽九度獲勝的強烈動機。

經過相對溫和的四英里序幕之後，單車賽道為選手們帶來了沉重打擊，迎接他們的是長一英里、海拔一千兩百英尺、難纏的上坡道，沿途攀升哈雷阿卡拉火山（Haleakalā volcano）山腳下的斜坡，此路段名為「心碎山坡」（Heartbreak Hill），名字雖然毫無創意，但卻很貼切。三百五十一名選手中，唯有最強大的車手才能不下車，一路騎完上坡路。梅蘭妮就是其中之一，她旋即在女子比賽中取得了領先。雖然潔咪的爬坡能力也不差，但在轉換基地卻被一群速度較快的泳者如魚離水的殭屍隊伍卡住，她被迫跳下車，推著車子穿梭在人類障礙之間。

參賽者登上心碎山坡的獎勵是，第二段類似的上坡道，而爬升之後等著他們的是，沿著危險顛簸的陡坡（Plunge），驚險地下行回到海邊。潔咪此時已落後兩分多鐘了，她在滿是障礙的下坡道上只衝刺了一百英尺，就偏離小徑，栽了個跟斗摔進灌木叢中。不過，她處變不驚，牽起了自行車，重新上車，繼續騎行，然後又摔車。潔咪抵達山下時，全身灰頭土臉，並落後領先者三分多鐘。

五．三英里的路跑路線開始，潔咪最初僅以希望維持所需距離的速度進攻，但沿路從一旁觀眾得知，她與梅蘭妮的差距逐漸縮小，讓她深獲信心。潔咪在另一段險惡的下坡超越了對手，當她從梅蘭妮身旁疾馳而過時，梅蘭妮友好地拍了拍她的背，潔咪氣喘吁吁地回應：「做得好。」

接下來，輪到潔咪為她拼死求勝的戰術付出代價了。她面容呆滯，雙臂無力地垂在身體兩側，身穿的無袖白色上衣染上了髮辮的棕紅色染劑，惠特摩爾未加思考地踉蹌越過容易扭傷腳踝的岩石海灘，這是通往威雷亞萬豪海灘度假酒店終點線的最後衝刺。不過，此刻的潔咪看來更像是頭部受創的逃亡戰俘，竭盡全力地衝向邊境的安全區，而不像是即將勝出的世界冠軍。但當她越過終點線，詛咒終於解除。二十八歲的潔咪預見自己長期衛冕XTERRA的冠軍寶座。

可惜，事與願違。隔年，潔咪帶著感冒上場，游得更慢，騎得更慢，跑得更慢，最終名列第三。二〇〇六年，她在陡坡大摔車，拄著拐杖出現在當晚的頒獎晚宴。

盡管如此，潔咪在其他方面依舊鋒芒畢露。二〇〇七年，在贏得了另一場XTERRA系列賽冠軍和XTERRA美國錦標賽冠軍之後，她來到茂伊島。自前一年摔車的嚴重事故康復以來，她一直沒有受傷，過去幾週甚至連噴嚏都沒打過一個。但到了單車賽道三英里處，惠特摩爾感覺左腿有種奇怪的無力感。到了心碎山坡，左腿開始抽筋。她提醒自己，她曾在其他比賽中忍痛持續奮鬥，直到獲勝，所以她用一條半的腿竭盡所能地前進，希望跑步時抽筋能減緩。不幸的是，情況變得更糟，潔咪疼痛難耐，不得不拖著腳步前行，最終以第三名完賽。

當晚在飯店，潔咪感覺從臀部傳到小腿的一陣刺痛。她才剛完成年度賽季的最後一場賽事，所以，決定暫停跑步一段時間。她相信只要休息，任何自己造成的輕微損傷都會很快痊癒。但令人困擾的症狀仍然持續，聖誕假期時，潔咪和家人一起玩Wii時，每輪之間都必須坐下，來緩解坐骨神經周圍的不適。

到了一月底，潔咪參加在鳳凰城舉辦的基督教鐵人三項訓練營時，她只嘗試跑步兩次，但都由於左腿極度緊繃而中止。後來，她在營地再度嘗試，再度不得不放棄，緊繃感轉移到了小腿。更糟的是，她現在連騎自行車也痛。訓練營最後一晚，由於白天騎上大陡坡帶來的抽痛感，讓她整晚難以入睡。潔咪又休息了五天，然後在家附近進行了一次溫和的試騎，但不到十五分鐘，她就疼痛不已，淚流滿面地回頭，往自己的車騎回去。

到後來，潔咪甚至連休息時，也開始感覺腿麻，尤其是上廁所時。她也無法平躺仰臥，因為會讓她的下脊柱出現難以忍受的疼痛。她告訴醫生友人這些情況時，他命她立刻去最近的急診室就醫，並要求進行腹部電腦斷層掃描。負責診治她的醫生由於更明顯緊急的情況，認為潔咪很可能只是因爲使用過度，而引發坐骨神經痛加重。所以，她在醫院待了六個小時，最終沒有進行斷層掃描就回家了。

潔咪的醫生朋友催促她盡快去其他醫院試試，於是，寇特尼開車，載她去了車程九十分鐘遠的羅斯維爾（Roseville）一家醫院。她在那裡又花上了幾小時，再度在檢傷分類競賽輸給了心臟病和事故受害者。所幸，這一次她進行了電腦斷層掃描，結果顯示，她腹部有一個大腫塊，隨後的超音波檢查也顯示相同情況。醫院告訴潔咪可能是卵巢囊腫，於是讓她出院，並指示她要預約婦產科醫生。

潔咪在婦產科進行直腸檢查發現，這個腫塊太硬，不可能是囊腫，這意味著它可能是腫瘤。因此，她如燙手山芋般，被轉診至卵巢癌專科。直到此時，潔咪還一直把注意力放在二〇〇八年的XTERRA賽季上，距離塞班島開幕賽僅僅數週，在健康狀況不明的情況下，潔咪打算逐步退出原定的賽程。她的想法是，若有需要，將賽季首場比賽先推延至南非場，如果不行的話，就延到奧格登，再不行就等到太浩湖，最糟的情況就延至茂伊島才出賽。但一聽到「癌症」二字，她立刻轉念，潔咪不再為了比賽而希望恢復健康；現在，她單純只希望身體恢復健康。

潔咪轉診的卵巢癌專科醫師為她進行了腹腔鏡檢查，是一種微創手術，用以採集腫塊樣本進行檢測。可是，醫生在過程中不小心切穿了一條血管，導致潔咪開始出血，所以，他只好為她動手術，並讓她住院。雪上加霜的是，醫生無法採集到適合檢測的樣本，因此，潔咪出院後，在丈夫和父親的陪同下，與第二位專科醫師見面。

醫生告訴他們：「這是相當大的腫瘤。」他聽來驚訝多過於憂心。「若是十、二十年前，我們會直接把腿截肢。」

潔咪痛哭失聲，她的父親接過話。

他問：「若是你的女兒，你會怎麼做？」

醫生答：「我會徵求第二位醫師的意見。」

潔咪的下一站是加州大學舊金山醫療中心，她與一名神經專科醫師會面。看醫生時，潔咪已經苦不堪言，她無法躬身、站直，或對左腿施加重量，而且由於長時間不用左腿，肌肉已經開始萎縮。就算不是神經專家，也看得出她的情況有多緊急。醫師立即開立了一組強效止痛藥，並為她安排進行大手術。

潔咪在恢復室醒來時，其中一位為她動手術的外科醫師將手放在她的左腳上，要她動動腳趾，她甚至感覺不到醫生的手。這時，她得知切除腫瘤（結果是梭形細胞肉瘤）時，手術團隊還切除了她的坐骨神經，因此，最好的情況是，她會有嚴重且永久性的垂足（drop foot），必須仰賴支架行走，跑步肯定是不用想了。

個性向來實際的潔咪非常清楚，沒有坐骨神經，想跑步就像想重新長回被截掉的四肢一樣不可能。但無論能不能跑步，她都矢志要再度成為運動員。她在部落格寫道：「我想感受風吹過臉龐，還有當我挑戰高難度路段時，心率飆升的感覺。我想感受以穩定配速跑十英里時，腦內啡分泌的感覺。」

無論結果如何，潔咪立即展開了她的復出之路，帶著助行器在醫院病房走廊爬上爬下，直到地板瓷磚幾乎磨出一道凹痕。潔咪進步神速，所以幾天後就出院了。回到家後，她每天走路，並聘請了物理治療師每週為她復健一次。她六月開始放射治療時，每天游泳三千碼，每兩天練習一次舉重。就在剛剛重拾一些動能之際，潔咪就被告知腫瘤又長回來了，需要接受第二次手術。她繼續接受三週的放射治療，然後再度進行手術，這次失去了大部分的左臀肌、薦神經（sacral nerve）、一部分與腫瘤相連的尾骨。

潔咪歷經十二小時半的手術後，接下來的十天都在醫院裡臥床，處於半癱瘓狀態，幾乎無時無刻都處於疼痛，不論是進食或排泄，都無法自理。她出院時，腹部還掛著引流管，目的是將腔室內積存液體排出，降低感染。可惜，效果不太好。回家後隔天，潔咪發燒並開始嘔吐。她的體溫高達四十度，寇特尼趕緊把她送回醫院，結果得知她得了敗血症，這是重要器官發炎的嚴重反應，可能有生命危險。

潔咪又住院了兩週，透過靜脈注射吸收營養，體重掉到約四十四公斤。回家第二天，她又開始嘔吐，再度重返醫院。

這次的問題是骨頭發炎。潔咪的左臂插入了靜脈導管，全天候為她施打抗生素。至少，她獲准出院回家。回家後，她想辦法將抗生素的點滴袋固定在助行器上，然後帶著它走路。潔咪當初想透過化療，讓她加快復原，盡早恢復騎車，但醫生考量到她的敗血症，決定取消化療。雖然這偏離了最初的計畫，但她略感寬心。拿掉點滴袋後，唯一剩下的障礙就是潔咪左臂的腎造廔管，也是讓她絆倒的隱患。有一天，她在使用划船機時，勾到了腎造廔管，差點把管子扯掉。六個月後，她終於擺脫了它，潔咪進行了最後一次手術，將左腎自體移植到右骨盆區域，與另一顆腎臟共享輸尿管。

二〇〇九年六月，過去十八個月極度考驗潔咪的精神。她告訴作家蒂莫西．卡爾森（Timothy Carlson）：「我試圖盡可能地保持正向，但是越來越有難度。當人不斷遭受重創、毫無精力、無法進食或飲水時，實在難以一直保持正向。我從未感覺如此接近上帝，我把所有時間都花在向祂祈禱，祈求明天會更好，求祂讓明天比今天好過一些。」

可惜她無法如願。接受採訪後幾天，潔咪又生病了。這次的主要症狀是精神不振、噁心、腹部不適。她擔心身體在排斥自己的腎臟，於是進行了更多檢測，結果出來只有四個字。

「妳懷孕了。」

潔咪驚呼：「什麼！怎麼可能？」

她並非不解人事，只是考慮到她的身體所經歷的一切，潔咪以為自己應該不能懷孕。不過，她懷孕不到六個月，就出現早產徵兆，為了避免流產，她再次住院。接下來的七週半裡，潔咪全天候臥床休息，直到她的雙胞胎兒子克里森和萊德健康出世。

又過了一年，潔咪才能再度騎自行車。她花了如此長的一段時間，才找到了瑞典公司亞勒的碳纖踝足支架（Allard BlueROCKER），那是唯一夠堅固耐用又夠堅硬的支架，可讓她用殘疾的左腿踩踏板（她試用的第一個支架被她毀了）。潔咪終於回歸自行車，並開始著手消除她最後一場 XTERRA 比賽留下的憾恨，那也是她作為健全運動員參加的最後一場比賽。二〇一一年，潔咪爾參加了在聖克魯茲（Santa Cruz）舉行的XTERRA太平洋錦標賽（XTERRA Pacific Championship），她用拐杖跑完了五公里的路跑賽段，並贏得了身障組冠軍。

不過，她還有更大的雄心壯志——萊德維爾一百英里登山車大賽。沒錯，正是羅伯．克拉爾復出時所參與的賽事。長久以來，萊德維爾一百英里登山車大賽一直在她的願望清單上。二〇一二年八月，潔咪嘗試挑戰，她的目標不僅僅是跑完全程，而是贏得眾人艷羨的皮帶頭，唯有在十二小時內完賽的人才能獲得。潔咪賽前訓練時，最長的騎行距離只有五十五英里，她早已接受自己這天勢必得費盡萬苦千辛，但她認為，憑藉著巧妙的配速和堅定的決心，她定能順利達成目標。

根據潔咪的猜想，也許是直到往賽道最高點哥倫比亞礦坑（Columbia Mine）的長坡，其他選手才曉得她是身障人士。爬坡到一半時，潔咪虛弱的左腿舉了白旗，迫使她不得不跳下車，步行前進。她的碳纖踝足支架雖然適合騎車，但卻不適合行走。但潔咪別無選擇，只能盡全力完成到山頂剩下的一點五英里路程。抵達山頂時，她停下來欣賞近一萬三千英尺高的美景。潔咪感動流淚，想起自己曾被困在醫院病床的漫長時日，那時的她難以預料現在這樣的時刻是否還會到來。

潔咪在七年後告訴我：「對我來說，這是我人生最大的成就。我不是以職業選手的身分來參賽。我戰勝了癌症，生了孩子，而且我以身障身分做到了這一切，沒什麼能將我從這座山頂打倒。」

事情還沒結束，比賽進行到八十七英里處時，潔咪得知萊德維爾一百英里登山車大賽，實際距離是一百零四英里，這表示她需要多騎十五至二十分鐘的時間，對於疲憊不堪的潔咪而言，這又是一個壞消息。她拚命踩踏板，一邊盯著計時器，眼見十二小時完賽的希望一秒一秒地消失。她過度使用的腹肌劇烈痙攣，像顆小腫瘤縮成一團。但對潔咪來說，疼痛並非新鮮事，她堅持不懈，最後以十一小時四十二分三十七秒的成績衝過終點線，贏得了屬於她的皮帶頭。

不久之後，美國帕運自行車國家隊的代表聯繫了潔咪，詢問她是否有興趣與其他身障自行車手競爭。她抓緊機會，並在二〇一三年奪得公路賽和計時賽的世界錦標賽金牌。之後，她又被說服嘗試場地自由車（track cycling）比賽，打破了兩項世界紀錄；隔年又在場地自由車賽贏得兩面金牌，同時衛冕公路賽和計時賽冠軍。二〇一五年，她的經歷上又添了三金二銀，並以女子項目大熱門的身分，參加了二〇一六年里約帕拉林匹克運動會（Paralympic Games）。

結果，她被擊敗了，在個人爭先賽（individual pursuit）獲得銀牌；五百公尺計時賽中又遠遠落後，表現不佳；而公路計時賽中，又因為前煞車錯位，使得煞車與前輪產生摩擦而拖慢了速度，最終名列第七。這使得公路賽成為她最後爭奪榮耀的機會。潔咪是衝刺能力較弱的選手，所以，當她站上四七．四公里的來回賽道起點時，決心不讓比賽拖到最後一刻的廝殺。她必須在某個時刻擺脫其他競爭對手，但是，事情總是知易行難，畢竟賽道只有一個小坡，整個賽程中選手來回必須爬升兩次。

潔咪在第一圈比賽中保持耐心，將猛烈攻勢留待倒數第二個爬坡。只有中國選手曾思妮和德國的丹尼絲．辛德勒（Denise Schindler）能與她並駕齊驅。隨後的下坡過程，惠特摩爾充分運用所有登山車方面的經驗，在濕漉漉的路面上比她的追趕者更猛烈過彎，成功拉開了一小段差距。

剩下五公里的賽程，一路都是強烈逆風，潔咪深知自己不能功虧一簣，努力避免摔車。儘管如此，她還是極力確保沒人能追上她，除了曾思妮和辛德勒外，而兩人想跟上，還得費一番功夫。比賽還剩兩公里時，潔咪接受了比賽終將還是得在最後關頭一決勝負，決心用高明的戰術來彌補自己衝刺能力的不足。她在接近賽道最後一個彎道時，往內側飄移卡位，讓自己占據通往終點的最短路線，然後站在踏板上，像在滅火一樣用力踩踏，最後以不到一秒之差超越曾思妮獲勝，成為史上第一位以健全運動員身分在耐力運動項目獲得世界冠軍，同時又在帕奧項目中奪金的人。

如何成為打不倒的野獸

潔咪．惠特摩爾的故事真正體現了人如何從不幸的厄運中東山再起。她的復出歷程有四個特點，可作為我們效仿的榜樣。其中三項特點——控制可控的事物、坦然面對不確定性和賦予敘事，我們在前幾章已有涉獵，不過值得檢視一下它們在不幸的厄運中具體應用的範例。另一項特點是沒有特權（non-entitlement），這是新的概念，在面對不幸的厄運時，尤其有助於正視現實。

一、**沒有特權**

出問題時，許多人總會問：「為什麼是我？」超越現實者不然。會有此提問，通常源自於隱藏的**特權意識**（entitlement）——**自以爲特別，所以壞事不會臨頭**。此種心態讓人難以接受現實的困境，更別說要盡力化險為夷了。潔咪如同我們所有人，並不喜歡事情出錯，但她也不認為必須解決不是她造成的問題有損尊嚴，我們也應該如此。

我問潔咪，對她來說，身為身障運動員獲勝，是否和擊敗世界頂尖的健全運動員一樣重要。她回答，確實如此。有鑑於她先前對我所述的萊德維爾一百英里登山車大賽的經歷——「對我來說，這是我人生最大的成就」，我相信她的話。至於她的抗癌歷程，潔咪邊喝著加了打發鮮奶油的白摩卡邊說：「我只允許自己每天替我的處境難過或生氣十五分鐘，再多也不會有任何幫助。憤怒不會讓你成為世界冠軍。」或救你一命。

二、**專注於可控的事物**

面對困境時，人很容易聚焦在眼前的問題，但把注意力放在尋找解決方案上會更有幫助。不妨再度回想，二〇〇二年XTERRA世界錦標賽時，潔咪和當地分齡組選手在自行車賽轉換至路跑時，裝備袋都遺失了，但兩人反應天差地別。另一名選手過度執著於問題，像燈罩裡的飛蛾一樣，搞得帳篷裡雞飛狗跳，但問題並沒有解決，而潔咪則專心於解決問題，盡其所能協助大家化解難關。

潔咪向我解釋：「我的個性一直都是會問**『有什麼是我能控制的？』**的人。即使罹癌，我也是自問『好吧，我能做什麼？』，畢竟無能為力的事實在太多了。」

值得慶幸的是，我們之中，相對較少有人會有因疾病而永久改變身體或運動能力的經歷，但即便是面對更常見的問題，如過度使用造成的傷害等，專注於解決方案也能帶來重大影響。例如，許多跑者在診斷出足底筋膜炎後，會花許多時間沉浸在無法跑步的沮喪當中，除了不跑步之外，幾乎沒有採取其他方法解決問題。但是，潔咪診斷出足底筋膜炎後，她尋求治療，全心接受物理治療，並進行交叉訓練，盡可能地減低受傷對她大學跑步生涯的影響。

三、坦然面對不確定性

面臨困境時，雪上加霜的並不總是只有痛苦、壓力或失望，通常還有不確定性。當事情不太對勁，而我們不確定問題獲得解決的時間點或方式時，這種不確定性本身就是壓力來源。但並非所有運動員都會因為不確定性而備感壓力。

若要我用一句話來形容潔咪的心態，我會選擇「我會想到辦法」。我們在咖啡館共度的九十分鐘裡，她重複了這句話無數次。從她年輕時尋找真正擅長的運動，到她罹癌後重新回歸自行車的努力，這句話概括了潔咪面對問題的一貫態度。她在擺脫癌症但尚未重新開始騎車時，告訴一名採訪人員：「就算有人跟我說這不可能，我也不信世上沒有其他可行的方法。我告訴家父，『也許我再也無法從甲地直接抵達乙地，但我無論如何都會從甲地到達乙地。』」

因為不確定性而感到壓力，絕大部分是選擇，而非必然。基本上，這就是在說，「除非我現在確知如何從甲地到乙地，否則我會假設自己永遠不會知道」。超越現實者不會以這種方式扭曲現實，我鼓勵各位以他們為榜樣。若不知道，就接受這種不確定性，並專心致力於找出解決方法。

四、賦予敘事

我在第四章中，曾提及超越現實者傾向為所經歷的創傷賦予新的敘事，將其重塑為個人歷程中有意義的插曲，藉此發掘其中的益處。潔咪正是從基督徒的角度這樣做，她告訴我：「我相信**自己遭遇的一切都有其目的**。我的痛苦有目的，我的挫折也有目的。也許有人聽聞我的經歷和克服的困難，會因此對他們有所幫助。」

使用這項工具，就是將你的生活當作一則故事，而你是故事的作者，抑或至少是共同作者，你有能力將看似不快樂的結局，變成通往幸福結局的另一篇章。潔咪雖然歷經磨難和失去，但她深信自己正過著她的幸福結局。為何不呢？一切都出自她的選擇。

距離聖羅莎國際鐵人三項賽五星期

我踏出了自己的舒適圈，我既不喜歡，但又喜歡這件事。我的意思是，我喜歡我不喜歡這件事，若這話講得通的話。

我正在測試英賽（INSCYD）公司的軟體，此項工具有助於耐力運動員找出提升體能的方法。具體來說，此項軟體工具會擷取自行車踩踏的功率數據，用以間接測量運動員各方面的自行車體能，包括有氧能力／最大攝氧量（VO2max）和無氧能力（Vlamax）。奧運暨鐵人三項冠軍楊·弗迪諾（Jan Frodeno）等許多知名耐力運動員，都使用英賽的應用程式來微調他們的訓練和飲食。我想，如果他們覺得這項工具好用，對我來說也應該夠好用。

幾週前，為了產生數據，讓軟體可藉此評估我的騎乘表現，我進行了一連串的自行車測試。這些測試頗具挑戰性，但我最近的騎乘訓練進展順利（十一月進行的騎乘適配和新鞋墊確實明顯有助於我的膝蓋），順利地完成測試，其中包括了一次二十分鐘的計時賽，我必須以六十到九十秒的全力衝刺開始；還有一項四分鐘的計時賽，也以同樣的方式開始；以及數次坐姿十五秒以重齒進行衝刺。幾天後，英賽的葛雷格透過電子郵件將結果寄給我，然後致電與我討論結果，並提供建議。

根據軟體顯示，我的最大攝氧量為一分鐘內六十二毫升，大致符合與我相同程度和年齡的運動員的預期水準。無氧能力主要在測量高強度運動中肌肉乳酸生成最大值，我的測試結果為每秒〇．二三莫耳（mmol/l/s），數值極低，但如葛雷格向我解釋，像我正在為鐵人三項這類九九％為有氧運動進行訓練的人，無氧能力減弱其實是好事。另一項好消息是，我的體重調整後無氧閾值功率為每公斤四．五瓦。葛雷格表示，最重要的是，我整體的騎乘體能幾乎處於應有的水準，而在聖羅莎鐵人三項賽之前，若想進一步提升體能，最佳機會就是增加我的最大攝氧量。

這真是說比做容易。想提高有氧能力，最有效的方法就是大量訓練和定期進行高強度間歇運動，但我在接受測試前，就已經在做這兩件事了。葛雷格稱這些方法為「容易實現的目標」，他建議我嘗試一種更複雜的方法，二〇一七年的一項研究證明，此種方法有助於延長鐵人三項運動員在最大有氧動力時的耗竭時間。這就是我走出舒適圈的方式。

我通常避免在傍晚運動。我喜歡在下午四點前完成當天最後一次練習，如此一來，我就可以在晚餐前邊喝啤酒，邊寫點東西。但葛雷格建議的方案要我在傍晚期間，盡可能在接近晚餐時間時，進行一次自行車的高強度間歇訓練。

除非真有必要，否則我盡量不做的另一件事，就是低碳飲食。我的正常飲食以健康、富含碳水化合物的食物為主，如馬鈴薯和水果，而近來我進行高強度訓練時，對於碳水化合物的渴望更是強烈。但根據葛雷格的方案，我在完成傍晚的高強度間歇訓練後，必須吃一頓接近零碳水的晚餐。

然而，比起早餐前的晨跑，我對低碳水飲食的厭惡根本算不上什麼。每天一早醒來，我第一個想到的就是食物，沒有一天例外。每天清晨五點十五分的豐盛早餐，幫助我準備面對上午九點開始的第一個訓練。但葛雷格推薦的方案的第三步，也是最後一步，就是在起床後空腹進行低強度跑步。

在我看來，這三步驟加在一起，幾乎等同於運動的根管治療。但我相信科學，過去四週，我每週都會練習這個方案。昨天傍晚，我進行了一次八十分鐘的室內騎行，其中包含六次兩分鐘的高強度訓練，接著再加上十分鐘的轉換跑步。然後，晚餐吃了烤鮭魚和清蒸花椰菜。沒有啤酒，沒有馬鈴薯。今天一早，我像往常一樣起床，立即跳上跑步機，慢跑了一小時，一邊用電子閱讀器看書，一邊聽著串流音樂，以分散注意力，免得自己感到飢餓。

下了跑步機後，燕麥片嚐起來從未如此美味。但你可知道？我享受這之前的練習，幾乎相當於我不喜歡它的程度。我不喜歡這個訓練，但我享受完成它的感覺。無論每週踏出舒適圈的練習是否有助於提高我的最大攝氧量，我覺得自己已從不同的方面獲益。

值得一提的是，正因這些事令人不快，所以必須嘗試。耐力賽是非常不舒適的運動。想要表現得好，就必須坦然接受不適的感覺。若我在訓練中只選擇承受必要的痛苦，那我的心理素質就無法達到接受葛雷格建議所做到的程度，這有點相當於洗運動的冷水澡——你的所作所為都是為了讓自己「更像個男子漢」！

比賽當天，會發生一些我不樂見的意外，比我預料地更痛苦、更艱辛、悲慘或不幸。你認為，誰會更善於應付不樂見的情況：努力訓練但留在舒適圈的運動員？還是努力訓練但每週選擇練習討厭的訓練的運動員？對我來說，答案顯而易見。我想成為能夠應付非我所願情況的運動員，因為我已先選擇面對了自己無法應付的困難。

7 從大失所望中再起

你並非試圖想擊敗洋基隊、紅襪隊或藍鳥隊。

你是試圖透過執行得當來贏得棒球比賽。

——喬・梅登（Joe Maddon），美國職棒大聯盟總教練

二〇〇〇年八月，凱薩琳．葛倫傑（Katherine Grainger）抵達雪梨參加她的第一屆奧運時，她不抱任何期望。畢竟英國從未在女子划船比賽中贏得奧運獎牌，所以，她所屬的四人雙槳隊並沒有可比較的標準。更重要的是，凱薩琳是隊上最年輕、資歷最淺、拿獎最少的成員，是個貨真價實的新手。

凱薩琳七年前才開始划船。當時年方十八的她，前來愛丁堡大學就讀，是心懷抱負的法律系學生。基本上，她對運動的興趣不高，其實是在划船隊隊員強拉之下，被迫嘗試划船。對方在大一迎新活動上，注意到身高一百八十公分的凱薩琳。招募人員對她說：「我認為，妳應該會表現出色。」

她說得沒錯。凱薩琳歷經最初一些掙扎後，進步飛快。在愛丁堡的第三年，她獲得了著名的泰晤士河皇家亨利帆船賽（Henley Royal Regatta）冠軍，並於隔年成為划船校隊隊長。畢業後，她獲得機會參加英國國家隊選拔，最終在一九九九年國際划船總會（FISA）世界錦標賽B組決賽中獲勝，並以第四名的成績，拿下最後一個晉級雪梨奧運的名額。

凱薩琳帶著孩子般的喜悅全心感受奧運的賽事體驗，心心念念在選手村遇到的知名運動員，並沉浸於其他運動賽事的精彩瞬間。當澳洲選手凱西・弗里曼（Cathy Freeman）成為首位獲得奧運女子四百公尺金牌的原住民選手時，凱薩琳就在一旁的看台上。

盡管不抱任何期望，凱薩琳的划船隊還是成功晉級了前六名的決賽。九月下旬的炎熱早晨，決賽在平滑如鏡的彭里斯湖（Penrith Lakes）舉行。比賽開始前，凱薩琳感覺興奮，又交雜著一股亟欲逃跑的衝動，但她努力克制住此種情緒。凱薩琳與隊友——吉莉安・琳賽（Gillian Lindsay）和姐妹檔吉恩和米莉安・巴頓（Guinn & Miriam Batten）在預賽中，創下了第四快的成績，於是，她們打算以擊敗第三的烏克蘭選手為目標，認為此一策略最可能帶領她們奪牌，畢竟德國隊和俄羅斯隊都是公認的難以匹敵。英國隊一開始就旗開得勝，立即超越爭銅的對手，並在整整兩千公尺的賽程中一路保持領先，當她們越過終點線時，無不欣喜若狂地慶祝。

然而，問題是，當她們一靠岸，賽事人員就通知凱薩琳和她的隊友，由於要再確認終點線的照片，最終結果將延後公布。她們感覺不可置信，篤定她們以近兩艘船身的距離擊敗了烏克蘭隊，但最終結果並非在確認英國和烏克蘭之間誰是第三，而是俄羅斯和英國兩隊，誰是第二。

凱薩琳在她的自傳《夢想成真》（*Dreams Do Come True*）中回憶起這一刻：「當時的我心想，『沒關係，我光是奪牌就開心至極，我不在意是銀是銅』。」不過，隨著賽會官員研究照片的時間越長，據凱薩琳的說法：「在那短短十二分鐘內，我的心態從不在乎，變成了『真可惜，要是我們當初設法奪銀就好了』，然後再變成『現在如果沒拿到銀牌，我其實會有點失望』。期望和比賽標準的變化速度就是如此之快。」最後決定公布時，凱薩琳並沒有失望。

二〇〇四年八月，凱薩琳抵達雅典，二度參加奧運，她抱持著相當高的期望。有何不可？她不僅在上屆夏季奧運上獲得了銀牌，還與隊友凱絲·畢曉普（Cath Bishop）共同取得了雙人單槳世界冠軍[4]。二〇一五年，凱薩琳接受奧林匹克頻道採訪時回憶：「我們參賽時……心知自己已擊敗過場上所有人。因此，當下的期待是有差別的。我們心裡有種期盼是，『沒出任何差錯的話，我們將會在奧運中獲勝』，這是非常不同的起點。」

有別於二〇〇〇年時，那時的凱薩琳驕傲地參與開幕式進場，並充分體驗選手村的一

4 對於精英划船選手，轉換比賽項目十分常見。

切；這一次，她選擇跳過典禮，在鄰近斯基尼亞斯國家公園（Schinias National Park）的划船比賽場地附近落腳。盡管凱薩琳和凱絲一心求勝，但她們在預賽卻表現不佳，最終落後白俄羅斯隊七秒，不得不參加復活賽（資格賽的最後機會），所幸最終獲勝。決賽中，這對英國組合狀態恢復，划過五百公尺時，僅落後領先的加拿大隊〇．六九秒。可惜好景不長，羅馬尼亞隊的猛攻讓比賽陷入了混亂，最後變成剩下的五支隊伍爭奪銀牌的情況。凱薩琳和凱絲在最後關頭拚命衝刺，終於在終點線上擊敗了白俄羅斯隊，一舉奪銀，但他們並非為了銀牌而來。

兩人在碼頭邊展現的肢體語言，相較於四年前凱薩琳在雪梨與三名隊員慶祝時，可說是天差地別。凱薩琳和凱絲笑得勉強，拍拍彼此的背，感覺更像在表示惋惜，而非祝賀。她在二〇一五年時回憶道：「這是一面令人五味雜陳的獎牌。只要不是金牌，就一定會帶有一絲失望。」

二〇〇八年八月，凱薩琳抵達北京，第三度參加奧運，那時的她帶著更高的期待。二〇〇五年初冬，英國國家女子划船隊召開會議，會上也對先前的夏季奧運的表現進行了檢討。三支英國隊伍全都拿到獎牌，但沒有一隊奪金。因此，他們誓言三年後的北京奧運，一定要拿到金牌。凱薩琳連續三年獲得了世界冠軍的頭銜，新組的四人划船隊也榮獲二〇〇七年國際划船總會年度最佳國際隊伍，對凱薩琳而言，隨著奧運揭開序幕，當初設下高標的比賽標準，變得益發嚴苛。

比賽第一天，英國隊在順義奧林匹克水上公園的表現良好。第一場預賽中，這支強大的英國四人組旗開得勝，刷新了兩千公尺項目的奧運紀錄。然而，新紀錄維持不到一小時，到了第二場預賽，就被新近崛起的東道主中國隊打破。決賽中，凱薩琳的船一開賽便取得領先，一路保持到了看臺區，此時中國隊發動猛烈攻勢，最後超越了奪冠熱門隊伍，以一秒之差的優勢獲勝。

當勝利者喜極而泣時，亞軍船上卻是一片槁木死灰。坐在領槳手位置上的凱薩琳，難以置信地搖著頭，想知道她們做錯了哪一步？下次該如何改進？然後，她想起來：不會有下一次了。凱薩琳的計畫是拿到奧運冠軍後退役，然後專心完成刑法方面的博士研究，不打算參加二〇一二年的倫敦奧運。

BBC的麥克風很快就湊到了備受打擊的凱薩琳面前。當她被問及再度獲得銀牌的感想時，凱薩琳只是聳聳肩，胡亂嘀咕些關於新娘和伴娘的陳腔濫調。四名英國隊隊員在頒獎臺上時，全數公然落淚。凱薩琳在看台上與家人團聚時，她投入了母親慰藉的懷抱。莉茲．葛倫傑（Liz Grainger）知道，她最好不要提醒女兒贏得奧運銀牌也相當不錯。所以，她說了唯一不落井下石的話：「答應我，妳會去倫敦。」她在女兒的耳邊輕聲說：「妳會成功的，我相信妳做得到。」

當事情比預期更加艱難

凱薩琳．葛倫傑的故事，顯示出受期望支配所得到的教訓。由於持續高升的期望，凱薩琳在前三屆奧運所獲得的三面銀牌，對她來說有著完全不同的意味。隨著她的職業生涯起飛，成功逐漸累積，她的期望值也隨之上升。而期望值的提高，也讓她對銀牌的滿意度隨之下降。這件事不好也不壞；對於像凱薩琳如此好勝的人來說，此乃人之常情。

心理學家針對期望進行了一些有趣的研究。二〇一八年，韓國學者趙景雅（Cecile Cho）和曹承亞（Theresa Cho）於《心理學前沿》（*Frontiers in Psychology*）期刊發表了一項研究，主要在比較不同的期望程度對隨後失望的影響，結果也許出乎你預料。測試分為兩部分，第一部分為校對練習，第二部分是網路投資模擬遊戲。研究發現，無論受試者的目標達到與否，對於兩部分測試結果期望較低的人，更可能對結果感到失望。

這並不表示設定較高的期望值，就能消除失望的風險。其他研究顯示，唯有當結果超乎預期時，人才會感到滿意。但**期望越高，就越難實現**比預期好的結果。更重要的是，心理學家發現，期望基本上必須切合實際，才能帶來滿足感。因此，對你來說，若贏得奧運金牌是實際的期待，那麼盡管本身存在風險，你也許還是會去爭奪金牌。無論如何，失望並非世界末日。正如本章後續所示，超越現實者看待期望的心態，有助於消除失望的結果所帶來的不快，同時降低此種結果最初發生的機率。

但期望與復出有何關聯呢？關係可大了。運動員時常經歷的三種主要復出類型，其中一種就與期望有關：從大失所望中再起。《韋氏字典》對「大失所望」的定義是，「意外且不悅地發現自己弄錯了」。以運動而言，大失所望主要表現在比預期更艱難的經驗上，對多數運動員來說，此種情況屢見不鮮。首先，幾乎每場比賽在某些時刻都會比預期更難，其中原因有二。一是比賽本質上就是困難的。若你在一場賽事中，從未感覺自己處於某種極限，那就算不上是真正的比賽。

第二個比賽意外艱難的原因是，人自然而然地會忘記令人反感的經驗當時有多不愉快。某種程度而言，「重複」會抵銷此種傾向，但即便是經驗豐富的選手，往往也會忘記上一場比賽的艱苦，直到他們進入下一場比賽，才猛然驚覺自己又回到了場上。

拉長時間幅度來看，運動員經常發現，實現目標比預期的還要困難。凱薩琳正是一例。在雪梨獲得銀牌，對她而言是出乎意料的佳績，雖說光是這次經歷，不見得就讓她期待下屆或之後的奧運可以輕鬆奪金，但可以說，她後來追求金牌的過程的確因此比想像中辛苦。

超越現實者比起其他運動員，更善於應對比預期更難和大失所望的情況，原因在於，一般運動員通常不希望情況比預期更困難，但超越現實者其實並不在意。當然，每個運動員在大失所望時，一開始難免感到迷惘，但超越現實者會迅速脫離「希望事情比實際更容易」的狀態，接受事與願違的現實，然後旋即轉向擁抱眼前情況，態度從「不去希望事情變簡單」，變成「很慶幸事情比想像中困難」。

慶幸嗎？真的假的？請容我解釋。對於超越現實者而言，目標之所以存在，不是為了實現，而是為了激發奮鬥的精神，推動人朝向實現潛能邁進。所以，冠軍會為自己設下難以達成的目標，並樂於迎接高難度挑戰，提高比賽水準。說到此種心態，也許沒有比阿潔・威爾遜（Ajeé Wilson）更好的例子。她是美國有史以來最優秀的八百公尺賽跑選手。阿潔整個職業生涯中，幾乎一直處於卡絲特・瑟夢雅（Caster Semenya）的陰影之下。南非選手瑟夢雅是所向無敵的女子八百公尺好手，但由於雙性的生理特殊因素，天生睪固酮較高，曾被多次禁賽。若沒有卡絲特，阿潔本可以在諸多重要比賽嶄露頭角，其中一場就是二〇一九年在史丹佛大學舉行的普雷方丹經典賽（Prefontaine Classic）。當時，卡絲特差點面臨二度禁賽，但最後她險些打破八百公尺世界紀錄，並使得阿潔再度屈居第二。比賽結束後，阿潔立即受到一大群記者採訪，她被迫針對卡絲特的爭議表達看法。

一位記者問：「你認為允許瑟夢雅參賽，對此項運動是好事嗎？」

阿潔強調：「當然，我認為她應該被允許參賽。」

另一位記者隨後問了她同一問題的不同版本。

她回答：「我認為每個人都應該可以參賽。」阿潔明顯失去耐性。

考量問題的複雜性，以及阿潔直接受影響的程度，外界也許會期望她支持禁止卡絲特出賽，這也是當時許多人表達的意見。但阿潔的立場很明確。

她再度重申：「我絕對贊同她應該要能做她喜歡做的事。」

一名記者問道：「你認為，卡絲特參賽有助於激勵你嗎？」

阿潔回答：「無庸置疑。」

正中要點！阿潔作為選手，希望重要比賽能有卡絲特參與，是因為阿潔內心的超越現實者在意的是如何充分發揮自己的潛能，而不是獲勝。她相信，有卡絲特作為對手，她會成為一位更優秀的跑者，而她所信無誤。

凱薩琳．葛倫傑在她輝煌的職業生涯也展現了相同態度。二〇〇五年世界錦標賽前夕傳出消息，史上獲獎最多的女划船選手凱瑟琳．博隆（Kathrin Boron）加入了德國四人隊。在那之前，凱薩琳的隊伍在當年世界盃賽季中險些擊敗對方。所以，她聽聞消息後，作何反應呢？凱薩琳後來寫道：「我曉得賭注又更高了，現在我們可能勝算不大。然而，能與世上最頂尖的人較量，挑戰那些少見能突破障礙的先行者，非常令人興奮。」

簡言之，她的意思是：放馬過來！

隔年，凱薩琳的隊伍在世錦賽上令人震驚地慘遭俄羅斯隊擊敗，但後來俄羅斯選手奧嘉．薩穆倫科娃（Olga Samulenkova）未通過藥檢，而被取消資格。凱薩琳又有何反應呢？

她在自傳中回憶：「我認為，我們當時並未發揮應有的水準，所以，其實讓我們失望的是自己的表現，而不是作弊。如果我們在比賽中能真正發揮潛力，那麼，無論多少俄羅選手服用睪固酮，我們依然可以獲勝。」凱薩琳當然痛恨作弊，但即便是像對手服用禁藥，來取得明顯不公平的優勢，她也視為是超越自我的契機。

所有運動員在卯足全力時，都會有最出色的表現；然而，唯有他們對目標能否實現至少存有些許懷疑時，才會付出最大努力。二〇一七年，密西根州立大學（Michigan State University）和布洛克大學（Brock University）的研究人員在《競技與健身心理學》（*Psychology of Sport and Exercise*）期刊上發表了一項研究，正好顯示了這一點。七十五名受試者在接受測試前，先回答了評估他們自我效能[5]的問題，接著他們被要求盡力維持平板支撐動作，直到撐不住為止。結果發現，自我效能測試低分或高分的人，都未能堅持到他們預期的時間；而那些處於中間值的人，表現則符合自己預期。重複進行平板支撐測試時，不論是自我效能低分或高分的受試者，表現均有所改善，但中間值的受試者卻沒有改變，這顯示了

5 個人對自己能否執行必要行為，以達到特定表現目標的信念。

只有最初對自我表現抱有實際期許的人，在第一次測試時就盡了最大努力。

二〇一九年，阿潔．威爾遜賽後在史丹佛大學接受採訪時，被問及她是否認為卡絲特．瑟夢雅是打不垮的。她說：「我相信，任何人都可以被擊敗。」阿潔補充，在這種特殊情況下，她也許只能在每「五十或六十」場比賽中擊敗卡絲特一次。若阿潔真正的目標是實現百分之百的潛力，那麼她的態度真是再好不過。

為了發揮高水準的表現，每個運動員都需要某種目標，但最成功的運動員基本上不會一心全想著目標，他們著眼於歷程，而非目的地。換句話說，相較於較不成功的運動員，最優秀的運動員注重的是過程，而不是結果。執著於結果只是空想，而正如我一再強調，空想是拒絕正視現實。運動員投注越多精力在結果的空想上，就越少努力採取行動實現他們想望的結果。正如節奏藍調歌手PJ在她的歌曲《美好一生》（*My Best Life*）所唱：「我只是努力實現夢想，我不做太多空想。」選擇就在兩者之間。

然而，專注於過程並非憑空就能達成。研究顯示，增加動機和減少焦慮有助於人專注於過程。聽來頗有道理，對嗎？動機透過參與特定過程來體現，而用行動代替空想可以培養控制感，基本上有助於減少焦慮。二〇〇九年發表於《國際競技與健身運動心理學期刊》（*International Journal of Sport and Exercise Psychology*）的一項研究，提供了證據，表明專注於過程如何在運動情境下發揮有益的效用。威爾斯大學的凱莉．威爾森（Kylie Wilson）和邊山大學（Edge Hill University）的達倫．布魯克菲爾（Darren Brookfield）招募了六十名志願者，參加為期六週的運動計畫。實驗開始前，受試者被分成了「過程目標組」、「成果目標組」和「對照組」。第一組的成員與布魯克菲爾合作，共同制定了適合的過程目標，例如：「四十分鐘的訓練中，將每分鐘心率維持在一百四十次以上，保持三十分鐘」。然後，隨著計畫推進，每週更新目標。第二組的成員則比照類似流程，制定和修改個人的成果目標，如：「六週內減重四公斤」；對照組成員則是在不設定目標的情況下，完成運動計畫。

計畫開始和結束之時，全部受試者都填寫了「內在動機量表」（Intrinsic Motivation Inventory）測試。平均而言，過程目標組在「最初的興趣和樂趣」和「知覺選擇」兩項的程度較高，而且六週後，兩者的程度甚至上升；而成果目標組在這些動機指標上，則呈現驟降。同時，過程目標組最初自評的緊張和壓力程度也較低，隨後也進一步下降，與成果目標組所觀察到的情況形成強烈對比。最後，過程目標組在為期六週的計畫期間，比成果目標組較少缺席訓練，不僅如此，後來四個半月的追蹤監測中，情況亦相同。威爾森和布魯克菲爾歸納出結論，整體而言，專注於運動過程而不是期望的結果上，會增加更多樂趣、增強掌控感、減少焦慮以及帶來更好的成果。

從個別訓練、不同區塊階段的訓練到訓練週期，甚至到多年發展計畫，你都應該將過程目標融入各層面的個人訓練。其中的例子包括：在高強度間歇訓練的前幾組保持足夠體力，讓最後一組訓練達到最快；每週妥善規畫力量訓練的組合；在下一場重要比賽前，至少安排八次按摩治療；接下來的三個訓練週期中，將每週最高訓練量提高百分之十。單從訓練來看，這些目標將為你帶來諸多益處，如同威爾遜和布魯克菲爾的研究受試者一樣；整體而言，你也會因此成為更著眼於過程的運動員，更善於應對比預期困難的情況，進而拿出最佳表現。

注重過程也許是凱薩琳．葛倫傑身為運動員決定性的心理特徵，她自然而然地便發展出此種心態。一九九七年，凱薩琳還是英國國家划船隊的新人時，便與其他三名新手一起被指派了艱鉅的挑戰，要在霍爾姆皮埃爾龐特（Holme Pierrepont）的訓練水道與當時的資深代表隊一較高下。若她們能以一個船身內的距離完賽，將有資格加入資深選手的行列，成為八名英國世界錦標賽國家隊代表之一。若不行的話，他們的職業划船生涯也許還未起步就會先結束了。凱薩琳在與新隊友首次練習即將結束時，自主地發起了表象訓練，引導其他人想像即將到來的比賽，同時以輕鬆的配速划過賽道。此後，她們每天重複這個練習，直到比賽日為止，凱薩琳每次都會設想不同的情境，並邀請隊友和她一起預想個人和團隊將如何應對。到了後來，她們全都感覺準備好應付任何狀況，而且最終也實現了目標。像此例的心智演練（Mental rehearsal）是十分有效的工具，有助於你集中思考如何（而非能否）在下一場賽事中獲勝。

後來幾年，凱薩琳自然發展出的「注重過程」心態，又因為英國划船隊的心理醫師克利斯．沙布魯克（Chris Shambrook）得到強化。二〇〇三年米蘭世界錦標賽前夕，凱薩琳和她的雙人單槳隊友凱絲與沙布魯克會面，向他表達兩人都希望能避免過度執著於最終結果，她們的目標是想專注於找出自己能划得多快。沙布魯克自然樂見她們這種注重過程的態度，他提供了兩人一個聰明的小技巧，可在激烈競爭中幫助她們。凱薩琳和凱絲被指示想像終點線有一張跳床，他要她們將跳床傾斜，如此一來，只要她們有任何跳到結果的想法，都會反彈回當下的時刻。她們信了，而且方法奏效。凱薩琳發現自己的船在比賽初期掉到第四名時，她只是注意到了此情況，但毫無情緒，繼續全神貫注地完美執行每一次划水。如此無視結果的結局就是，凱薩琳獲得了第一座成年組世界冠軍。我個人十分喜愛這個跳床的想像，每當與我合作的運動員難以專注於過程時，我便會與他們分享此方法。

越享受樂趣，越容易帶來成果

錯失二〇〇八年奧運女子四人雙槳金牌的痛伴隨著凱薩琳返鄉，成為她身上沉重、有害的情感包袱。凱薩琳在為歸國的英國奧運選手及家屬舉辦的歡迎活動上，無意中聽到了另一名選手和她母親之間的對話，那位選手為自己贏得銀牌深感自豪和喜悅。這正是凱薩琳需要的想法，好讓自己重新健康地看待自己的處境，可惜並未產生效果，朋友和家人的好意勸說對她也毫無幫助。凱薩琳從中國失魂落魄地回國後，從數週到數月，她的痛苦非但沒有減輕，反而不斷演變，從落敗時所經歷的心碎，逐漸變為陰沉、持續的哀傷。

時序進入冬季，凱薩琳需要分散一些注意力和獨處的時間，於是獨自前往了南非和納米比亞旅行。在那裡，她與原始的風景、異國的野生動物和自己的內心為伍，凱薩琳決定實現母親的願望，嘗試第四度參加奧運。可是，她這次不能再像過去一樣，只是勇往直前地一心求金。相反地，她在《夢想成真》一書中寫道：

我必須確保，無論結果如何，自己都不會感到浪費了四年。這段路肯定不會是坦途，而且不保證會有幸福結局。我必須享受每天的挑戰和陪伴，而不只是為了看自己能否奪金才堅持下去。當然，贏得金牌將會是驅策我的動力，但我必須全心享受整整四年的歷程，而不僅僅是著眼於二〇一二年八月的一天。

凱薩琳的決定真是明智之舉。上一節中，我們看到了，專注於過程有助於增加樂趣，並改善結果。反過來說，增加樂趣亦可增強對過程的專注，進而改善結果。教育方面的研究已充分證明了此種雙向因果關係。不論是兒童或成人，努力讓學習任務變得更有趣，經證明有助於提高參與和注意力集中，部分主要是透過神經機制，例如：促進與獎勵相關的神經傳導物質多巴胺分泌。

運動心理學和健身生理學研究方面也得出了類似發現。二〇二〇年，伍斯特大學

（University of Worcester）的科學家在《國際運動期刊》（*International Journal of Sports*）發表了一項研究。其中發現，比起十公里個人計時賽，跑者在十公里團體賽中表現更佳，並回報了更高程度的正向情緒（樂趣）。由於兩種情況之間的配速策略並無差異，因此，研究者得出的結論認為，跑者在團體賽表現提升的原因，是因為樂趣提高。

其他研究也顯示出，聚焦於過程的確是連結樂趣和表現提升的機制。其中包含了二〇一六年西維吉尼亞大學女子足球隊的個案研究。西維吉尼亞大學運動科學教授史考特・巴尼可（Scott Barnicle）將女子足球隊分為兩組：一組為實驗組，進行以樂趣為重點的心理技能訓練（mental skills training，MST），另一組則為不受干擾的對照組。然後，研究監測兩組在整個賽季的表現。據巴尼可指出，「為期十二週的心理技能訓練以內在樂趣為重點，主要著重在增進和強化運動樂趣的內在來源」，例如「競技的興奮」和「努力程度」等，結果方法大獲成功。從賽季開始到結束，實驗組的成員對足球比賽的內在樂趣增加了四・五%，而根據比賽統計數據和教練的評估，她們的表現也提升了兩倍以上；而對照組則顯示出樂趣下滑和較小幅度的表現增長。巴尼可的明星受試者「莎拉」最初接受訓練時遭遇些許困難，但後來在賽季上半和下半之間，她享受的樂趣增加了一九・三%，得分也成長了一〇〇％，同時聚焦過程的表現也提升了一三．三％。

基本上，任何可用來增進訓練樂趣的方法，都有助於你專注於過程，進而提高表現。假設比起甲地，你更喜歡在乙地進行某項訓練，在乙地訓練的成效就會更好；如果比起夥伴丙，你更喜歡與夥伴丁一塊練習，那麼你與夥伴丁練習將獲得更好效果；若你喜歡聽音樂進行訓練，勝過沒有音樂，那麼在有音樂的情況下，你將會獲益更多。以此類推。

凱薩琳．葛倫傑決定參加倫敦奧運，是因為她對樂趣、過程和表現之間的聯繫有種幾乎出於本能的理解，這得歸功於性格形成時期的經歷。凱薩琳出生於蘇格蘭格拉斯哥，雙親都是中學教師，而且都熱愛自己的工作。後來，她的父親彼得到了國定課程發展部門任職，薪水雖高，但他並不喜歡這份工作。每週五天，凱薩琳眼見母親心情愉悅地放學回家，父親卻是苦喪著臉從辦公室回來，這種對比給她留下了深刻印象，讓凱薩琳下定決心，她未來的工作要以樂趣為優先。

所以，在非洲待了兩週後，凱薩琳回到英國。她聯繫教練保羅．湯普森（Paul Thompson）並告知他，她希望作為單人雙槳選手參加二〇〇九年的賽季。在湯普森看來，這個決定有點奇怪，他很清楚凱薩琳個性外向，非常享受與划船隊友的團隊合作。但對凱薩琳而言，重要的是個人賽將會是全新、新鮮且有別以往的嘗試，因此她不會因為過去的成功而背負期望。她在自傳中解釋：「我想重新找回對划船的熱愛和熱情。」而她的直覺告訴她，這就是實現目標的方法。

然而，就算凱薩琳有此計畫，也不只是湯普森說了算。為了獲得單人雙槳比賽的英國代表資格，凱薩琳必須贏得二月的國家隊選拔賽，她成功了。然後，她在二〇〇九年賽季第一場世界盃比賽中獲勝，突然之間，她背負著各種期望，這些期望成為威脅，可能危及她單純享受過程的專注力。波蘭世界錦標賽之前，事態嚴重，凱薩琳難以平衡自己只想享受樂趣的慾望和內心承認的事實——除非她表現出色，否則她不可能樂在其中。

凱薩琳與克利斯．沙布魯克會面討論她的難題，隨後這位心理學家傳了一個連結給她，是電視劇《六人行》的其中一個片段。影片中，麗莎．庫卓飾演的菲比在中央公園慢跑，動作極為滑稽，以至於她的朋友瑞秋拒絕與她一起跑步。但最終，菲比天真地享受跑步和她完全不自覺的樣子說服了瑞秋，瑞秋也用自己的逗趣步伐加入了菲比的行列。這段影片激勵凱薩琳拋開外部對她的表現期許，以自己的方式參賽，目標是成為最棒的凱薩琳．葛倫傑，而不是最棒的單人雙槳運動員。在波瀾起伏的馬爾他湖，她在世界錦標賽決賽起點上，對自己說：「記住菲比的榜樣。」隨後，她笑著獲得銀牌，並刷新英國兩千公尺划船的國內紀錄。

但對凱薩琳而言，單人雙槳生涯差不多夠了。二〇一〇年，她成功衛冕選拔賽冠軍後，選擇了與亞軍安娜．華金斯（Anna Watkins）搭檔雙人雙槳比賽。兩人開始訓練後不久，發現彼此默契十足，凱薩琳在她漫長的水上職業生涯中從未與任何選手如此互補。與安娜一起划船時，她不必試圖獨樂在其中——每次配合得天衣無縫的划槳，都是享受。

捷報也隨之而來。這對新組的英國女子雙人雙槳隊贏得了二〇一〇年世界盃全部三場賽事，並在紐西蘭世界錦標賽上，以超過五秒的領先優勢擊敗了最接近的競爭對手，最後以壓倒性的勝利結束賽季。隔年，安娜因背部受傷，缺席了第一場世界盃比賽，然後又在斯洛維尼亞世界錦標賽上食物中毒。無論如何，她和凱薩琳依舊立於不敗之地，維持著連贏的記錄，兩人的默契與表現在逆境中越挫越勇。

當這對所向披靡的雙人組抵達倫敦奧運划船比賽場地多尼湖（Dorney Lake）時，她們依舊保持著不敗的紀錄，同時又另外贏了三場世界盃比賽，並在訓練時創下了非官方的兩千公尺世界紀錄。勘察場地時，凱薩琳巧遇曾拿下三屆奧運冠軍的加拿大選手瑪妮．麥克貝恩（Marnie McBean）。交談過程中，麥克貝恩提到了「**想要的甜蜜點**」（the want-to sweet spot）概念，這是她從運動心理學家卡爾・博特里爾（Cal Botterill）那裡學到的，主要形容一種運動心理的適居帶（Goldilocks zone），意即**介於不在意成敗和感覺只能成功不許失敗之間**。這正好及時提醒了凱薩琳，要充滿熱情地去比賽，而不是恐懼。

隔天訓練時，安娜情不自禁地笑了，凱薩琳也毋須多問——兩人練習的感覺極佳。至此，勝負幾乎已成定局。安娜和凱薩琳身為主辦國代表隊，在女子雙人雙槳預賽中大勝；接著，盡管賽道位置不利，她們在決賽中始終一馬當先，引起了看台區一片騷動。一切比她預想的還要困難，但凱薩琳終於拿到了奧運金牌。

故事終。

或未完待續。二〇一四年十月，凱薩琳結束兩年的退休生活，給了自己最後一次機會。里約奧運到來時，她將年滿四十。凱薩琳重回船上的第一天，告訴奧林匹克頻道的記者：「這將會很困難。」結果事實證明，比登天還難——讓她又是一次大失所望。

凱薩琳向來深受運動員同儕的喜愛，所以她沒料到，性格的衝突會成為她幾乎難以成功復出的阻礙。二〇一五年賽季，凱薩琳與薇琪・索恩利（Vicky Thornley）搭擋。索恩利小她十二歲，身高一九三公分，先前當過模特兒。二〇一五年的歐洲錦標賽上，這對新搭檔獲得了一面銅牌，不過若非比賽中出現了幾次失誤，這面銅牌本該是金牌。兩人相互指責，然後表現從此倒退，次年的歐錦賽上完全沒有拿牌。到那時，她們幾乎毫無互動往來，而決定解除合作關係，是兩人這麼久以來唯一達成的共識。後來，兩人都未能取得八人單槳的國家代表資格。於是，她們同意放下成見，努力合作，並在巴西奧運開幕式前兩個月，入選為女子雙人雙槳英國代表。外界普遍認為她們在羅德里戈弗雷塔斯潟湖（Rodrigo de Freitas Lagoon）晉級決賽的希望渺茫，但凱薩琳和薇琪不僅做到了，還在決賽一路領先，直到一千八百公尺浮標處，波蘭隊以不到一秒的優勢超越了她們，奪得金牌。薇琪再度拿到銀牌，真令人大失所望，對嗎？結果出乎意料。

賽後，凱薩琳和薇琪一起接受奧林匹克頻道的採訪時，說道：「這就是為何你看不到眼淚、沮喪或失望。因為我們真的已經卯足全力。每位在此水準之上的運動員，目標都是在比賽日當天盡力拿出最佳表現，若一切執行得完美無誤，就有機會脫穎而出，並贏得金牌。我認為，我們今天發揮了超常的水準，比賽大半時間內，我們都有機會獲勝，雖然最終名列第二……但我已經心滿意足。」

距離聖羅莎國際鐵人三項賽一週

聖羅莎鐵人三項賽距今還有一週，所幸不算太遲的是，我對自己跑步的狀態很滿意。但更重要的是，我對自己一路如何走到這一步，也感到滿意。

約四個月前，我的鼠蹊部再度受傷。這次，我沒做任何蠢事，只有冒點小風險進行和緩的練習，像是每隔一天非常慢速地慢跑，或在疼痛允許之下逐漸增加最長跑步距離等。但在一月時，我原定六十分鐘的跑步，進行到五十五分鐘時，有一刻，無論我跑得多慢，都痛得令人難以忍受，所以我決定止步。同時間，我也決定了，這是我最後一次受傷，因為我禁不起再受傷一次，而且我也會確保不會有下一次，即便代價是在比賽日之前，不再跑任何一步，我也願意。

我意識到，當超越現實者陷入相同困境時，他們會臨機應變或緊急搶救，我要求自己也一樣。我不再固執地堅持走老路來達到比賽時期許的體能狀態，而是自己開創了新路。

無法跑步時，我喜歡在跑步機上以陡坡行走，這非常接近跑步對心血管和神經肌肉的要求，但衝擊較小，因此透過此種活動獲得的體能益處，可相對直接地轉移到跑步上。盡管如此，這依然不是跑步。

所以，我計畫以一五%的斜度嘗試來點慢跑，若進展順利，幾天後再以稍低的坡度加快一點速度跑步，依此類推，直到我能再度正常跑步為止。我希望藉此方式持續增強跑步的體能，但不影響康復。

方法奏效，情人節那天，我以每小時七英里的速度，在四%的坡度上跑了一小時，雖不是毫無痛感，但不適的程度在可接受範圍內。兩天後，我以同樣的速度在平面上跑步；四天後，自一個月前停止跑步以來，我首度外出跑步。但我尚未脫困，實際上還差得遠。沒錯，我再次在戶外跑步了，而且可以隨心所欲地跑，不傷及鼠蹊部，但我的配速仍受到相當限制，只要超過每英里八分三十秒的速度，都會引起受傷區域發出警告訊號。因此，我決定回到跑步機上，但不僅限於此，我結合了兩者。我透過戶外長距離的慢跑，增強所需的耐力；以速度較快、有斜度的跑步機，來建立我希望在聖羅莎達到的速度。

每年三月下旬，我都會參加莫德斯托馬拉松賽（Modesto Marathon），這是我所在地區最大型的年度路跑活動。數月前，我報名參加了今年的比賽，打算將這場活動當成聖羅莎的賽前訓練，以接近我的鐵人三項目標配速——每英里七分三十秒輕鬆完賽。比賽當天，我仍然無法安全地以此配速跑步，所以我謹慎地以每英里八分四十九秒的速度開始，然後憑感覺調整配速。當我跑到中途時，突然間意識到，我隨傷勢調整的訓練策略似乎見效。我以七分五十五秒的速度完成第十七英里，是我多年來第一次在八分鐘內跑完一英里。更重要的是，我的鼠蹊部告訴我，我還可以跑得更快，所以我加快了速度，用七分二十九秒跑完了第二十二英里，然後在六分五十一秒內完成了第二十六英里，並對來之不易的康復心懷感激。

另一場我經常參加的賽事是波士頓馬拉松。雖然它距離莫德斯托僅十五天後舉行，且離我的鐵人三項賽僅二十六天，但我有一本新書要在那裡宣傳，所以今年幾乎不得不參加。不過，同樣地，我這次參賽的目標不是全力以赴，而是有控制的努力，建立自己的體能與自信，不是把自己擊潰。更具體一點，我希望在不累死自己的情況下，在三小時內完賽。不過，由於我在賽前的訓練如此異乎尋常，其實不太確定這個希望能否成真。比賽時，我完全憑感覺配速，最後在每英里六分四十秒左右找到了舒適區，並全程將速度保持在此範圍，最終以兩小時五十四分零八秒完賽。

我決定在有限的時間內，盡可能在跑步上多有斬獲，因此，波士頓馬拉松結束九天後，我測試了一下，看看鼠蹊部能否承受一組快跑一英里後慢跑恢復（mile repeats）的重複訓練，結果感覺無礙。所以，一週後，我又重複此訓練，並稍微加大了力道。再次證實，鼠蹊部幾乎感覺不到疼痛。所以，三天後，也就是今天，為了最後一次進行體能提升訓練，我跑了一場半馬。這次的目標是付出九〇%的努力，結果換來了全面的勝利，我最終的成績為一小時十七分五十六秒。

我幾乎不可置信，自一月以來，我的跑步有了長足的進步。然而，這並非奇蹟，而是證明了因應現實的力量——遭遇困境時，不勉強行事，而是尋找方法來轉危為安。過去，我曾像許多運動員一樣，試圖制定某種明知是自欺欺人的計畫或行動方案，但這一次不可同日而語。

8 從自我破壞中再起

我帶著自身的優劣來作畫。

——電影《梵谷：在永恆之門》

有時候，最難面對的現實就是「自己的現實」。每個運動員、每個人都是集天賦、煩惱、優點和缺點於一身的複雜混合體。我們都是獨一無二，也都不盡完美。而身為運動員，我們也許會發現，自身的弱點時常導致我們從事自我破壞的行為。我知道，自我破壞是相當沉重的字眼，經常被用於指責，但在此非我本意。對我來說，「自我破壞」只是有別於在前兩章中所討論的困境：不幸的厄運和大失所望，用來正確描述運動員自身行為造成困境的詞彙。

以過度訓練為例，這是體育運動中常見的自我破壞類型。除非是不適任的教練強迫運動員過度訓練的情況，否則通常是運動員自己訓練過度，解鈴還須繫鈴人。過度訓練的潛在原因通常是缺乏自信，持續懷疑自己的體能，因而形成了過度訓練又休息不足的模式。但缺乏自信不該是任何人受指責的原因，運動員之所以缺乏自信，往往來自於他們無法掌控的過去經驗。

自我破壞的根本原因，通常是個人性格中根深蒂固的一部分，因此，要從自我破壞中再起格外棘手。修正自我破壞不同於切除腫瘤，後者可將腫塊從體內移除乾淨，但消去個人性格中的一部分，並非克服自我破壞的可行方法。這就是為何許多濫用藥物的男女在戒治康復後，開始投身耐力運動，因為他們意識到自己無法完全消除成癮的傾向，與其徒勞無功地嘗試改變無法改變之事，不如用健康的愛好取代對藥物不健康的依賴。

若仔細觀察數名運動員成功克服極端自我破壞行為的案例，會發現他們基本上都採用了相同方式。每個案例中，捲土重來都不僅僅關乎於戒除惡習；而是透過哲學家尼采所說的「成為自己」（becoming who you are）的過程，來學習接受、擁抱和因應自身現實。

通俗一點來說，「成為自己」意味著運用你所擁有的一切。成年後，天賦、煩憂和優缺點等內在具有的多數特質，也許會成為長此以往的存在。想要克服自我破壞，我們不能單純地消除所有煩惱和弱點，那等於是成為完全不同的人，這是不可能的。然而，我們能做的是，一步步成為更好的自己，這正是戰勝自我破壞的關鍵所在。尼采以「為個性賦予風格」形容此過程，將此方式比作偉大藝術家運用內在特質，來實現真正、即便未臻完美的原創性。他寫道：「這些偉大而罕見的藝術，是藝術家看見自己本性中所有優劣，然後將這些特質運用至藝術計畫中，使一切以藝術和理性呈現，即便是弱點也賞心悅目。」

即使是最才華洋溢的藝術家，也有無法透過訓練克服的缺陷和局限，如同最出類拔萃的人，也有無法透過個人成長抹去的煩惱和怪癖一樣。我們眼中的偉大藝術家，往往是那些讓個人弱點和限制與自身優勢相輔相成的人，並藉此樹立自己獨一無二的風格。爵士歌手比莉・哈樂黛（Billie Holiday）正是一例。她讓自己古怪的音色和受限的音域成為歌唱元素，塑造了她厭世、老靈魂般的獨特唱腔。同理，具有自我破壞傾向但表現頂尖的運動員，並非透過改變自己，而是透過成為自己來取得偉大成就。讓我們仔細檢視下列三個案例，從他們身上發掘面對自身現實的益處。

鐵人兩項運動員與約拿情結

心理學家亞伯拉罕・馬斯洛（Abraham Maslow）在其一九七一年出版的著作《人性的極致》（*The Farther Reaches of Human Nature*），介紹了「約拿情結」（Jonah complex）的概念。這個具聖經意味的專有名詞通常被定義為對成功的恐懼；更具體來說，是害怕脫穎而出或被視為傲慢或自大，或接受個人天賦的負擔，或不情願地承認個人在特定技能或角色的卓越。我們多多少少都會有受到約拿情結影響的時刻，但少數不幸的人會發展出嚴重的約拿情結，不斷阻礙自己的成功。這些現代約拿都有一項共通點，就是自我價值低落。簡言之，他們認為自己「不配」擁有成功。

說到因自我價值低落而發展受阻的運動員，我率先想到了保羅．湯瑪斯（Paul Thomas）。令人遺憾的是，保羅的約拿情結根源並不難解。他最早的記憶之一，是與哥哥吉米和年幼的妹妹瑪麗一起被塞進家庭轎車後座，車子開往鹽湖城（Salt Lake City）外的沙漠，然後三個兄妹被迫看著酗酒的父親殘忍地毆打他們的母親。第二年，保羅的父親酒駕拒捕，被警察開槍射中腿部。他不願留下來面對後果，決定潛逃，除了（對他們來說很不幸的）妻子和孩子之外，什麼也沒帶走，最終在沙加緬度落腳，保羅也在此處度過童年時光。

然而，真正對湯瑪斯的心理健康造成傷害的，不太是那些爆炸性的事件，而是他父親幾乎是有計畫地、每天都在努力摧毀這個次子的自尊心。出於保羅也不明所以的原因，他成為湯瑪斯家大家長特愛凌虐的對象，總是受到無止盡的批評、欺凌和懲罰。他的父親不只一次告訴他：「你永遠不會像我賺那麼多的錢。」這樣的預言更令保羅痛心，因為他的父親只是一名焊接工人，根本沒賺什麼錢。無論保羅怎麼做，這個本應成為他最大支柱的男人，永遠只在他的未來看到失敗和失望。

保羅十幾歲發現跑步這項運動時（而且幾乎是一戰成名），除了父親言語霸凌的內容之外，情況沒有任何改變。保羅的跑步成績開始受到關注後，父親換了新的謾罵內容：「你到了我這年紀，就會和我一樣胖。」十歲時，保羅獲得了青少年奧運（Junior Olympics）決賽資格；十一歲時，他打破了同齡男孩十公里全國紀錄；隔年，十二歲的他又再次打破全國紀錄，跑出了三十三分五十二秒的成績。保羅在耶穌會高中（Jesuit High School）時，作為高一新生的首場比賽是在一條深具挑戰性的越野賽道，他最後以十五分零八秒的成績跑完三英里，排名第二，僅次於一名高年級生。不久後，《沙加緬度蜜蜂報》（*Sacramento Bee*）發表了一篇文章，稱讚保羅是該市有史以來最優秀的年輕運動員，但作者也指出，這位體重五十二公斤左右的體育奇才很難訪問，他不願談論自己的成功，對自己的早熟感到尷尬。此時，約拿情結已開始顯現。

儘管保羅與成功之間的關係錯綜複雜，但他出色的天賦和對跑步的熱愛，讓他在耶穌會高中時期贏得了足夠亮眼的成績（室內一英里比賽全國冠軍和加州三千兩百公尺冠軍），因而獲得了阿肯色大學的全額獎學金，該校的跑步運動項目當時排名全美最強。但他浪費了這個機會，第一個學期就因為喝太多啤酒，體重增加了六公斤，從此每況愈下，最終失去了獎學金，並轉學到土桑（Tucson）的亞利桑那大學，可惜最終因髂脛束撕裂進行修復手術，大學的跑步生涯也在此告終。

保羅仍然熱愛跑步，但他需要全新的開始。因此，手術康復後，他報名參加了在鳳凰城舉行的鐵人兩項賽，賽程包含了跑步轉換至自行車再到跑步。保羅從未進行任何正式的自行車訓練，但最終還是獲得了第七名。回到家後，他躍躍欲試，想看看自己若再多做準備，能獲得多好的成績。

幾週後，在一次萊蒙山（Mount Lemmon）的自行車團練過程中，保羅發現自己獨自與一名陌生人騎在前頭，兩人抵達山頂時，他的同伴開始攀談。

他說：「我從沒見過你，你做什麼工作？」

保羅自豪地回答：「我是鐵人兩項運動員。」

「真的嗎？我也是，我叫喬爾．湯普森（Joel Thompson）。」

保羅聽過這號人物，喬爾是當地名人，也是當時數一數二頂尖的職業鐵人兩項運動員。

喬爾說：「你顯然很擅於騎自行車。」他看了一眼山下說：「但你能跑嗎？」

保羅答：「其實跑步是我的專長。」

喬爾目瞪口呆。然後，他盡量不經意地詢問保羅是否需要教練。九個月後，保羅在喬爾的指導下，在加州長灘奪得了全美鐵人兩項冠軍。那時的他還不到二十六歲，在這項運動中看似前程似錦——若不是約拿情結的話，他定是前途光明。

接下來的一年，也許可以預見，保羅幾乎把精力都花在咖啡館與那些看來酷帥的一級自行車手打混，並未認真進行喬爾給他的訓練。結果，他在一九九五年賽季大敗。喬爾有一度曾對他說：「我從未見過像你如此有天賦的人，但你至少得努力一點。」可是，保羅仍繼續自我破壞，到了一九九六年，他決定終止運動員生涯，搬到聖地牙哥重新開始，這次是擔任能量棒製造商高效能營養公司（PR Nutrition）的業務。

三年後，過勞的保羅身材走樣又酗酒，在他人的勸說下，決定參加達能鐵人兩項系列賽（Dannon Duathlon Series）。他戒了酒和咖啡因，改變睡眠習慣，並開始訓練。新的生活方式很適合他，一九九四年四月，保羅在德州阿靈頓贏得了達能系列賽開幕賽。後來，在某個獨處的寧靜時刻，他意外地崩潰，不解自己為何哭泣。他是喜極而泣嗎？還是對於勝利感到抱歉？他無從得知。無論如何，保羅繼續橫掃了整個系列賽，包括全國冠軍，他再也沒有掉一滴淚。

保羅在二〇一九年的一次通話中告訴我：「終其一生，我都在告訴自己，『明年我會更出色，第二名就夠了』。但那一年，我對自己說，我不會輸，我不會等到明年。」

所幸如此，因為沒有明年了。保羅意識到，競技的成功對他而言，意義永遠不同於其他運動員。所以，賽季結束時，他再度決定退役，只不過這一次是依照他自己的意願。保羅最終搬回了土桑，如今他專注於輔導年輕運動員上，特別是與他過去一樣自我價值低落的選手，康拉德（Conrad）就是其中之一。他是亞利桑那大學鐵人三項校隊隊員，保羅初次見到康拉德時，他幾乎不敢與他人有眼神接觸，但經過四年的時間，康拉德培養出了自信和內在力量，讓他的全國大專院校鐵人三項錦標賽（Collegiate National Triathlon Championship）排名從第三百三十名上升至第七十九名，然後前進至第三十三名，再到第十七名，成效甚至遠勝於保羅所提供的訓練。

保羅不跑步後，仍然會騎自行車，時不時會參加比賽，滿足一下挑戰自己能耐的癮頭。不管怎樣，他照常會勝出。二〇一八年，五十歲的他贏得了亞利桑那州計時賽冠軍，隔年成功衛冕，而第二名和第三名選手的年齡加一加才五十二歲。

保羅在電話採訪中告訴我：「我本來也許可以去參加奧運。但如果要我選擇參加奧運、然後退休，像我認識的許多運動員一樣胖快三十公斤；或是在五十多歲時依舊維持相當高水準的運動表現，我會選擇後者。我所做的無非就是騎自行車，大多時候是和比我慢得多的人一起。我做這件事，並非是為了留下好印象或證明任何事。我這樣做是因為我有能力。騎車可以讓風吹拂臉頰，如同我兒時一樣，只不過現在的我已不再逃避任何事了。」

擺脫飲食失調之苦的跑者

莫莉．塞德爾（Molly Seidel）幾乎自打有記憶以來，就深受強迫症之苦。她在威斯康辛州哈特蘭（Hartland）小鎮長大，經常感到想要以特定模式觸摸物件或表面的衝動，而她認識的其他孩子似乎不會想這樣做。她腦海中的思緒常競相出現，飛快打轉，尋找著從未找到的控制感。除非有讓她分心的事，否則焦慮是她的基本情緒，如同地心引力一樣無法擺脫。

莫莉從七年級開始參加跑步競賽時，從中發現了安身立命的全新方式，至今仍為她所用。她在二〇一九年的播客節目《奔向初心》（*Running on Om*）上解釋：「我在跑步時，感覺最接近自己。我的身心完全契合，一切都變得有意義。」

莫莉擅長跑步並非壞事，而且她是個天生好手。她還是大學湖中學（University Lake School）的新生時，在越野賽和田徑賽一千六百公尺和三千兩百公尺賽跑中，都拿下了州冠軍；接下來的三年，也不斷衛冕；並於二〇一一年富樂客越野錦標賽（Foot Locker Cross Country Championship）中獲勝，結束了她輝煌的高中跑步生涯。當時，從未有富樂客的女性冠軍贏得美國全國大學體育協會越野錦標賽（NCAA Cross Country Championship），但三年後，讀聖母大學三年級的莫莉做到了。

然而，如此的成就伴隨了代價。莫莉因為想達到自己設下的標準，而承受了巨大壓力，因此出現了飲食失調問題。她並非如同常見情況，想追求特定的外貌，而是因為這帶給了她控制感。無論如何，後果自然不出所料。莫莉的骨頭變得脆弱，並且接連遭受應力性骨折和斷裂，但她在畢業前，居然還是贏得了三項NCAA冠軍。

盡管如此，此情形長此以往，莫莉想必會遭遇無可挽回的局面。所以，二〇一六年，在奧勒岡州尤金（Eugene）舉行的奧運田徑選拔賽上，當時莫莉因傷只能觀賽，而非參賽者，她的好友暨聖母大學隊友丹妮．阿拉貢（Dani Aragon）與她坐下詳談，對她直言不諱。

丹妮說：「妳不能再這樣下去，妳看來像是瀕死之人。」

兩天後，莫莉住進了威斯康辛州一家飲食失調治療機構，歷經六個月的住院治療，然後接受兩年的心理諮商。這整段期間，莫莉從未放棄跑步，因為她深知無論能否再度在比賽中獲勝，自己要跑步才會感到快樂。不過，她的快樂也要求她必須以正確的方式跑步。所以，莫莉與索康尼（Saucony）簽了專業跑步合約並搬到波士頓後，她養成了幾乎天天吃甜甜圈的習慣，並且兼職當保姆和咖啡師。雖然甜甜圈算不上是跑者最理想的康復食物，但吃甜甜圈有助於莫莉整體上更輕鬆看待食物。多數職業跑者不訓練時，都會盡可能地放鬆，但莫莉清楚，她在忙碌時的狀態最佳，最不易掉入內心的黑洞。正如她對播客主持人茱莉亞．漢倫（Julia Hanlon）所說：「你的心理必須健康，才能在賽場上發揮最佳水準。」

二〇二〇年二月，莫莉成為了支持這項主張的鐵證。她前一個月在休士頓半馬以一小時零九分三十五秒的成績完賽，成功獲得了奧運馬拉松選拔賽參賽資格；此時的她帶著三大目標來到亞特蘭大參加選拔：一是「放膽一搏」，這是她與現任教練約翰．格林（John Green）共享的教條；其二是獲得馬拉松賽的經驗——她從未跑過馬拉松賽；第三是以第十至二十名之間的成績完賽。最後，莫莉不僅實現了其中兩項目標，還大幅超越了第三個目標，以兩小時二十七分三十一秒的成績名列第二，成功取得東京奧運參賽資格。

邁向康復的戒毒者與鐵人三項運動員

萊諾．桑德斯（Lionel Sanders）的靈魂中有一股騷動，某種他難以定義的神祕力量、本能慾望或能量，但卻定義了他。這股騷動驅使他以動物般的兇殘，來追求鐵人三項訓練中的痛苦，使得其他運動員談論辛苦訓練的經驗時，似乎只像是在空談。萊諾在艱苦的室內騎行訓練中，時常會發出原始的憤怒、痛苦或混合兩者的吼叫聲。二〇一五年，有次他的未婚妻愛琳．麥克唐納（Erin MacDonald）拿起手機想拍下這些畫面，卻意外捕捉到了他一邊踩踏著自行車，一邊突然流淚的畫面。

萊諾這股內心的騷動，也導致了他拋棄了家鄉安大略省哈羅鎮大有前途的高中越野跑步生涯。他在訓練前吸食大麻，一旦離開教練的視線，馬上就偷懶。後來在麥克馬斯特大學（McMaster University）時，他嘗試了古柯鹼。接著，一切迅速失控，不久後，他默默開始了一項任務——看看自己能多興奮、多有快感。萊諾大學輟學後，接連打了幾份工，賺錢維持他日益惡化的惡習。古柯鹼仍是他首選的毒品，但他也酗酒；走投無路時，什麼弄得到的東西他都嗑：迷幻藥、強力膠，有一次甚至向完全不認識的陌生人討了一把神祕藥丸。

更多的自毀行為接踵而來。萊諾有次醉酒斷片，試圖閃躲汽車，結果用臉撞破了一輛行駛中車輛的車窗。他騷擾前女友，讓她不堪其擾到與家人分享了他的語音訊息，以防萬一她發生任何不幸時，可以轉交給警方。在他最悲慘的夜晚，萊諾將皮帶的一端繞在脖子上，另一端固定在車庫的天花板橫樑上，然後爬上一張椅子，打算上吊自殺。

所有這些戲劇性的事件都穿插著一段時期的戒毒，但最終並非這些強制性的重置讓萊諾康復。二〇〇九年某天，他突如其來地萌生了參加鐵人三項賽的瘋狂想法；而一週前，他同樣衝動地決定要重新開始跑步。坊間不會有任何心靈勵志書或十二步驟計畫會建議將鐵人三項訓練和完賽當成戰勝毒癮的第一步，但萊諾的直覺堅持認為，這對他而言是正確的一步。他心知肚明，要扼殺內心那股騷動是不可能的，他必須改變方向。

萊諾向母親要錢支付二〇一〇年路易維爾鐵人三項賽（Ironman Louisville 2010）報名費時，向她解釋：「我認為，若我全心投入這場比賽的訓練，它將會改變我，讓我成為更好的人，教會我紀律，讓我對自己更有信心。」結果證明，訓練真的實現了這些事。萊諾在路易維爾分齡組中名列前茅，比賽的成功給了他更多繼續前進的理由。二〇一三年，他在橫掃安大略省全能運動競賽——加拿大鐵人三項系列賽後，轉為職業選手。第二年，他贏得了三場半程鐵人三項賽冠軍，並在佛羅里達州首次以職業鐵人三項選手的身分登場。二〇一五年，萊諾又贏得了四場半程鐵人三項賽冠軍和亞利桑那鐵人三項冠軍。接下來的賽季，他在坦佩（Tempe）衛冕，並以七小時四十四分二十九秒的成績，締造了新的鐵人三項世界紀錄。

我在觀看二〇一七年鐵人三項世界錦標賽線上直播時，成為了萊諾．桑德斯的粉絲。萊諾以四小時十四分十九秒的佳績完成自行車賽段——若非卡麥隆．沃夫（Cameron Wurf）騎得快了八十二秒，這個時間本可以打破賽道記錄。隨後，萊諾在馬拉松賽段一開始超越了卡麥隆，取得領先。但情況急轉直下，跑到中途點時，萊諾已明顯在跛行，我看過無數場的比賽，心知他退賽只是時間問題——再多的腎上腺素或慾望，都無法讓他在舉步維艱、連看著都疼的嚴重傷勢下，再堅持跑完十三英里。

但我錯了。萊諾不僅繼續前進，還保持著極快的速度，以每英里六分四十秒的速度蹣跚地奮力前行，此時，他的跑姿幾乎是歪七扭八。有一度，我的妻子走進辦公室，問我一切是否都好，因為我一直對著電腦螢幕大喊大叫，懇求萊諾停下來，我以為他正走向自毀之路。

當派翠克．朗格（Patrick Lange）在二十三英里處超越萊諾時，我一陣哽咽。雖然我無法清楚表達當時的感受，但事後回想，我當時了解了，無論是什麼力量讓萊諾能堅持下去，那既是一種天賦，也是詛咒。我意識到，他如此犧牲自我，比我們任何人都堅持得更久，某種程度上也是為了我們這些運動員，他向我們展現，不論是誰，都可以比自己想像的走得更遠。

成為自己之路

上述這些案例中，讓我們具體認識到運動員如何透過接受、擁抱和因應自身的現實，來克服或減輕自我破壞，其中特別值得強調的五大重點如下。

一、定義你的「最佳自我」

面對自己的現實，第一步就是了解自我。畢竟，你得先釐清自己擁有哪些特質，才能發揮具備的潛能。終極目標是成為最好的自己，為此，你必須先確定自己最想培養的特點。

保羅．湯瑪斯最想培養的是他的同理心，此種特質是他最初在家中發展出的生存技能，如他對我所描述，他在家中得不斷地「察言觀色，努力維持家庭祥和」。保羅厭惡受到關注，也許這對他身為運動員也形成了阻礙，但此種厭惡的另一面——他讓別人感到被關注的天賦，使他更適合作為導師，更勝曾經當過的自行車手。

對於莫莉．塞德爾而言，她的任務基本上就是成為跑步時的自己。比賽時，莫莉幾乎總是毫無計畫。她告訴一位採訪者：「就是讓經驗來帶領你。」讓經驗帶領她，正是莫莉在日常生活中因為強迫症而經常難以做到的事。但多年來，她越來越懂得順其自然。二〇一八年，莫莉的髖部因為先前應力性骨折的舊傷未癒，而接受了植骨手術，因此被迫停止跑步六個月。這六個月並不輕鬆，但她沒有因此悶悶不樂，而是找到了其他樂在其中的活動，包括寫作、徒步探險和攀岩。

萊諾．桑德斯也許無法為內心驅使他毫無保留的那把火命名，但他知道，若他無法抑制那股慾望，至少可以引導它朝更好的方向發展。萊諾在二〇一五年接受《溫哥華太陽報》採訪時說道：「我大致找到了如何以健康、積極的方式運用自己的個性特質；從前，我曾將完全相同的特質用於消極、自我破壞的行為上。」這說的正是利用自身現有特質的重要性。

二、做個坦承不諱的人

案例中三位戰勝自我破壞的運動員之間，顯著的共通點就是，他們對於自己的過去、個人挑戰和錯誤都坦承不諱。保羅．湯瑪斯卸下心防，坦白述說了他的自我破壞與自我價值的掙扎。他對我說：「我真的不曉得該如何做個好人。」保羅說這番話時，夾雜著困惑又好笑的心情，彷彿在談論著一位既可愛又可恨的親密好友。

同樣地，莫莉．塞德爾多次在採訪中談論了她的心理疾病和飲食失調問題，甚至用「瘋狂」和「精神病」（同時也承認自己政治不正確）這樣的詞，來形容自己內心違反常情的奇詭。雖然有些名人只有事過境遷，或假裝事過境遷時，才會公開談論這些事，但莫莉坦言，她的挑戰每天都伴隨著她，時有特別艱難的時候。

萊諾．桑德斯也是如此。他首度用腦內啡取代古柯鹼時，對自己過去的為人和所作所為深感羞愧，於是用游泳、騎自行車和跑步作為逃避過去的工具。但他不再如此。二〇二〇年萊諾的個人網站重新設計以前，若你對他一無所知，且偶然發現他的網站時，會率先得知的資訊是，他曾是一位吸毒者。除此之外，首頁上甚至未提到鐵人三項運動。

這些運動員如此開放，並不是在美化他們的掙扎和錯誤；相反地，他們展現出的是自我接納。為了成為你想成為的人，你必須要能完全坦誠面對自我。發展你最自豪的優點很重要，但處理你也許根本不希望存在的缺陷也同等重要。這就是應用你現有特質的另一面。可以的話，保羅永遠不會選擇「不知道如何做好人」，莫莉也不會選擇她的強迫症，萊諾也不會選擇容易成癮，但他們每個人都正視了自己這部分的現實，盡力化挫折為成長，正如烹飪比賽節目的廚師一樣，在一道菜色中充分運用不常見的指定材料。

自我接納的真正考驗是公開透明。若你試圖向他人隱藏某部分的自己，其實你也向自己隱藏了這部分的自己。我不是要你在Facebook上過度揭露自我，但你應該與最親近的人分享全部的自己。想到要對他人揭露自我，也許令人卻步，但一旦踏出這一步，恐懼就會消散，取而代之的是解脫和自由。正如常言道，展現你最真實的一面吧！

三、與懂得欣賞你的人為伍

人際關係是自我認識一個被低估的來源。我們其實主要透過社交互動，來了解自己是誰。你可利用人際關係來認識自我，擺脫自我破壞，進而成為真正的自己。所有人的生活中都有理解自己的人，抑或有能力找到理解自己的人，他們不僅會懂得我們對他們的付出，還會欣賞我們獨有的特質。與這樣的人為伍，有助於加速你發掘與接受自我的過程。

若非妻子諾琳，保羅．湯瑪斯也許無法有今日的成就。他之所以選擇她作為終身伴侶，絕非偶然，因為妻子與他的父親在性格上天差地別。保羅的父親過去常讓他因為享受或愉悅而心懷愧疚，他甚至嚴重到騎車和跑步完匆匆忙忙返家，以確保父親回來時，他乖乖在家——並且看來並未過得愉快。直到今時今日，當保羅騎著自行車上萊蒙山，或穿過馬德拉峽谷（Madera Canyon）時，時不時仍會有一股內疚感油然而生，戳破保羅享受的愉悅，讓他覺得必須趕緊回到諾琳身邊。但諾琳希望他盡情享受，並鼓勵保羅盡情運動，因為這才是他真實的樣子。

莫莉．塞德爾總是本能地與欣賞她的人為伍。她之所以選擇了聖母大學，而不是跑步項目要強上許多的史丹佛，主要原因就是她喜歡田徑隊裡的女生、她們的默契和凝聚力。她就讀大學後幾年，心理問題日益嚴重時，隊友的支持是幫助她度過難關的一大因素。另外就是她當時的教練麥特．史帕克（Matt Sparks），他在莫莉升上三年級前來到聖母大學任教，麥特不僅將她視為選手，更把她視為一個人看待、關心她，光是如此，他對她的幫助就遠超過他所能理解的程度。出於這個原因，莫莉至今依舊請麥特擔任諮詢顧問，任何對此有疑慮的教練，她都不願合作。

世上絕對有比安大略省溫莎市（Windsor）更適合成為職業鐵人三項運動員之處，但萊諾．桑德斯一直在此定居，部分原因是此處離他的父母很近，而他們比世上任何人都更懂他。「他生性自由自在。」萊諾的父親在二〇一五年接受《今日美國》（*USA Today*）採訪時如此表示，試圖解釋他兒子為何幾年前會染上惡習。他話語中的理解與接納，令人深深動容。萊諾很幸運有父如此，而他也再清楚不過。

四、承擔責任

如我們所見，接受特定現實並不保證你會擁抱它，而擁抱現實也不保證你會盡力而為地因應它？面對自己的現實時，進一步擁抱和因應現實的常見阻礙是，未能對自我破壞負責。澄清一下，這不是要你怪罪自己，重點是不歸咎其他人事物，並且清楚認知，無論是誰或何事讓你陷入困境，你必須自己決定走出來。

要克制自己不去責備他人或外物，需要一定程度的品格，保羅．湯瑪斯、莫莉．塞德爾和萊諾．桑德斯都具備此種品格。保羅受到父親的殘酷虐待，但他並未小題大作。實際上，我與他進行了三次訪談，但直到第二次時，他才提及自己被迫目睹身體虐待之事，他並非刻意隱瞞，而是依我之見，將此事視為他敘事中的核心元素，將成為前進的障礙。

每當保羅與他在阿肯色州的前教練約翰．麥克唐納（John McDonnell）交談時，都會為了浪費獲得的獎學金一事道歉，這就是負責任的態度。尋求專業心理諮商也是負責任的舉動，保羅在搬回土桑後不久就這樣做了。諮商師對保羅的診斷是，他患有創傷後壓力症候群。但保羅直到第三次訪談才提及此事，他並不為此感到羞愧，只是不想被貼標籤，剝奪自己的主體性。他不想讓自己鑽牛角尖，或以「因為我有這個問題，所以無法控制自己的作為」為藉口，來面對自己或他人。

莫莉在訪談中，幾乎是特地說明自己的父母一直多麼地愛護和支持她，還刻意強調了一個事實：在她成長過程中，她母親毫不在意她跑不跑步，或跑得好或差，只要她開心就好。莫莉希望向其他人明確表明，她經常感覺的那股難以抑止的控制欲，並非外界強加予她的。

莫莉在大學田徑生涯結束時所做的重大決定，也反映了她願意承擔責任的態度。她在一年內四度贏得NCAA冠軍後，收到了多家知名跑步運動品牌的豐厚合約，但莫莉全都拒絕了，她想要專注於恢復身心健康。一年後，當她終於準備好轉為職業選手時，只有索康尼一家公司願意給她機會，而他們的報價只是當初的一小部分。許多處於莫莉位置的運動員若遇到相同機會，相信都會選擇更優渥且及早收到的報酬，不僅是為了錢，也為了藉機延後辛苦的復健工作。誠然，少有運動員實際上必須做出如此的抉擇，但每個試圖克服自我破壞的運動員，都會遇到可以逃避責任的機會，而莫莉的選擇就是值得效仿的榜樣。

萊諾也特意強調，他在踏上濫用藥物之路前，其實是相當快樂且適應良好的人。後來，當他深陷毒癮的痛苦，他的母親哀求他，不論她當初做了什麼讓他走上這條路，請萊諾原諒她。萊諾本可推波助瀾，加深母親的自責，但他沒有。當他發現自己站在車庫裡的椅子上，脖子繞著皮帶時，也是因為想到了自己的母親可能餘生裡都會相信一切是她的錯，但他心知肚明事實並非如此，最終才促使萊諾毫髮無傷地走下來——萊諾此刻的選擇就是為自己負責。

五、幫助他人

那些最完整成為自己的人，是利用自身經驗來幫助他人的人。接受、擁抱和因應自己的現實很不錯，在這個過程中戰勝自我破壞也很好，但最棒的是當你分享自己的經驗，感覺能為他人有所貢獻時，這些經驗不僅由你的優點和才華塑造，還包括了你的不完美和掙扎。正如東妮．莫里森（Toni Morrison）所言：「自由的目的是解放他人。」同理，成為真正的自己亦是如此。而且，你不必等到完成自己的歷程後才開始幫助他人，從現在開始，也會幫助你越來越接近真正的自己——事實上，這正是其中一半的目的。

保羅．湯瑪斯在談及自己現在與他人的合作時，正好完美體現了此概念。他說：「我試圖透過協助他人，來幫助自己。」保羅總是能敏銳察覺出需要支持的人，而增強他人的自我價值，也最能有助於強化他的自我價值。我們電話聯繫前幾個月，保羅遇到了一位疑似街友的男人。他那天剛騎完車，此人走近他，詢問他手上拿的二氧化碳罐是否是「吸大麻用的」。保羅並未試著盡快脫身，反而耐心解釋說，這個氣瓶其實是自行車輪胎充氣用的，於是兩人展開了一場漫長的對話，過程中，保羅發現此人和他都是同時期在加州數一數二的高中生跑步運動員，而且其實當時他們還有點淵源。保羅離開時感到自信，他過去的比賽對手似乎因為受到平等對待而略有受益，這一刻對保羅來說也十分療癒。

莫莉．塞德爾是「女孩跑起來基金會」（Girls Gotta Run）的志工。該組織旨在利用跑步幫助衣索比亞女孩發展「個人能動性、社群和團體」。她定期造訪衣索比亞小鎮伯科吉（Bekoji），並與一名當地女孩關係特別親近，她也夢想成為職業跑步運動員，而且多虧了莫莉，女孩如今更有信心，相信人生不見得需要完美的起步才能實現夢想。

最後是萊諾．桑德斯，他與廣大的鐵人三項社群分享自己持續進行的歷程，藉此幫助他人。他讓其他運動員幾近即時地見證他的起起落落，因而累積了大批忠實追隨者——他的人生起伏不乏低潮，如比賽中途崩潰、受傷、一段時間吃太少、過度訓練等，幾乎都與突破極限有關。二〇一七年一項網路民意調查中，萊諾被評為最受歡迎的男性鐵人三項運動員，而且票數遙遙領先。雖然人氣對萊諾的職業生涯有助益，但並非他前進的動力。萊諾在二〇一五年時談及自己人生的黑暗時期，他告訴《環球郵報》（*The Globe and Mail*）的記者：「我的動機全然是為了鼓舞他人，給他們希望，讓他們知道自己可以不必過自毀的生活。」換句話說，不論是誰，我們都有超越自我破壞的力量。

比賽日

事情發生在兩天前，我從橡谷（Oakdale）開車到聖羅莎的三小時車程間，大約在瓦列霍（Vallejo）附近，我的腦海裡突然浮現今天比賽的口號：不要驚慌。我喜歡為每場比賽選一個口號，但在我人生至今最大型的比賽前夕，我居然毫無靈感，直到後來終於有了想法。

口號一浮現，感覺立刻就對了。我十七年前的一場鐵人三項賽上，諸事不順——游泳時小腿抽筋、自行車跟車受罰、跑步一開始有種注定失敗的感覺，這些時刻就算不至於讓我驚慌失措，至少也有點不安。這樣的時刻最初發生在比賽開始之前，我的兄弟尚恩幫我拉上防寒衣拉鍊時，問我感覺如何，我回答：「嚇得屁滾尿流。」

我深知也接受第二次的鐵人三項賽中肯定也會出些差錯，但我有自信，面臨驚慌的誘惑時，我的心靈繆斯所賦予我的四個字將會派上用場。更重要的是，這句口號似乎概括了我在整趟歷程中極力維持的超越現實者心態，為我比賽的整體心理表現計畫奠基。

果不其然，我在索諾瑪湖（Lake Sonoma）進行游泳兩圈比賽。游到第二圈時，自我責備率先出現了，一切彷彿似曾相識，只是這次我是兩條小腿同時抽筋，迫使我停止踢腿，雙腿只能無用地拖在身後。坦白說，我最先出現的念頭是「天啊！不會吧！」，但我接著想「不要驚慌」。結果，我沒有驚慌，但我在剩下的賽程中，也沒有再踢腿打水，最後成績是第二圈比第一圈慢了兩分十四秒，游泳總成績是一小時零五分五十秒，有些令人失望。即便如此，我沿著漫長的跑道跑到轉換區時，刻意告訴自己，努力重構情勢，我已經打破了自己先前鐵人三項的游泳紀錄，至少正朝往我的第三目標邁進。

下一度驚慌的誘惑旋即來臨，我在轉換區帳篷裡，使勁將緊繃的防寒衣袖子從濕漉漉的肌膚脫下，過程有如單手剝橘子一樣緩慢又費力。我一度考慮放棄脫掉袖子，但我最信任的內在聲音告訴我不能冒險，讓我憶起了類似於今天狀況下差點失溫的那次訓練。於是，我決定像超越現實者一樣，保持理性並堅守計畫，我也照做了，並將轉換時間從原本預計的四分鐘延長至七分鐘以上。

騎不到一小時，我就感覺過熱，拚命想脫掉那該死的袖子。可是，在不停車的情況下，我最多只能將袖子壓到手腕周圍，結果這種半吊子的解決方法產生了明顯的風阻。不久後，我伸手進車服後方的口袋，想拿能量果膠，結果卻發現全部六包庫存都不見了。我渾然不知它們何時或如何掉了，不過此時已無關緊要。我只能不要驚慌，盡力彌補失去的熱量，我只好狼吞虎嚥塞在自行車上管袋裡的切片能量棒，並在補給站抓起開特力耐力配方運動飲料（Gatorade Endurance），而不是水。

雖然有點小差錯，但到了六十英里處，我仍然維持著理想的配速，有望在五小時十分的目標時間內完成自行車賽段。這時，一名賽會執法人員騎著摩托車接近我。我甚至在他出示藍牌之前，就已知自己必須前往處罰區，而且我也清楚自己在哪裡違規——就在幾英里前的陡坡，我被困在一名騎手後方，他全力超越我後，立即擋在我面前。「別又來了！」我嘟咕噥著，沮喪地低下頭。先前的威斯康辛鐵人三項賽上，我因爲跟車被罰時，情況幾乎一模一樣，但那次至少我是立即接受處罰，而且只有三分鐘；然而，這次根據規則，我必須繼續騎三十多英里，才能抵達下一個處罰區，而且我得在那裡待五分鐘。

再抬起頭時，我已經擺脫了打擊。過去十一個月的超越現實主義自學經驗，已經讓我能不自覺地尋找挫折的正面契機，而我的確從中注意到，自己有種壓力解除的感覺。現在，我晉級科納的機會非常渺茫，但我已沒什麼可失去的了，既然如此，接下來在比賽中可以更隨心所欲一點，我也刻意選擇用這種心態騎行並跑完剩下的路程。

自行車賽段上最具挑戰的爬坡路線是橋克岩丘（Chalk Hill Road），這是一條長一英里、海拔三百八十五英尺的四頭肌殺手，平均坡度為七．五％。不過，爬坡是我的強項，所以我毫不費力地完成了第一次的上坡段，但比賽有兩圈，當我二度騎上同一條坡道時，可就沒那麼輕鬆了，我被迫以最低檔和最大的努力站著踩踏，以免自己翻車，我移動得如此之慢，以至於內心很感激自行車電腦先前就當機了，省得我看見自己有多龜速。我過去在比賽中遇到夠多次體力透支的情況，足以知道自己現在很可能也面臨這項考驗；但我也在比賽中度過了夠多的困難，清楚一旦爬上山頂就沒事了。我沒讓自己去擔心第一種可能性，而是選擇了第二種假設繼續努力，直到事實證明我是錯的。可是，你瞧，結果我過了山頂之後就沒問題了。

二〇〇二年，我在處罰區受罰時，和罰我跟車的裁判起了爭執，直到她威脅不閉嘴就取消我的比賽資格。這次，我與駐守處罰區的兩名官員說說笑笑，例如：「可惡，這段時間比上教堂還難熬！」，我之所以有此反應，不僅因為我不想被取消資格，還因為我知道他們有一份不討喜的工作，所以我想成為他們辛苦一天中的亮點。而且，我曉得自己保持幽默感的話，心情會比較好，甚至可能騎得更好。受罰的五分鐘結束前，我小解了一下，沒意識到這樣做違反規則，可能會被取消資格。不過，我只獲得了警告，我不禁覺得官員們對我的寬容，是因為我像尊重他人一樣地尊重他們，因此有了好報。

馬拉松賽段跑不到兩英里，我的腳就開始疼痛，而且痛得不輕。我穿著一雙Nike Vaporfly 4%，過去我曾數度在健身訓練中試穿過，而且一週前的半馬也穿它們跑步，都毫無問題。不過，有時的確會有這種突發性的疼痛，通常是暫時性的，所以我試著把腳痛拋諸腦後，希望疼痛會消失，但不全然指望這件事會發生。可惡！跑了三英里後，疼痛依舊劇烈，令人心煩意亂，如果疼痛程度滿分十分的話，腳上的痛大約五分。我接受現實，接下來可能得一路忍痛，但我對自己說這只是疼痛，不是傷勢。受傷也許會阻止我前進，但光是痛不能阻擋我。

還記得嗎——任何壞事都不會全然的糟糕。我努力在眼下情況尋找好的一面，而且發現了許多好事。我感覺身體狀態良好、步伐輕盈，只要我掌握好補給，就完全有能力保持目標配速一直到終點。天氣接近理想（乾燥溫暖但不熱），賽道（綠樹成蔭的自行車道）令人愉悅，身旁的人（我的比賽對手、他們的拉拉隊、成群親切的志工）能量正面。我忽然升起一股感激之情，感謝每一位遞水的志工，對我超越的每位選手說一兩句話鼓勵的話，包括我在二十英里處左右超越、女性第一名的選手。

我腳上的疼痛始終沒有減輕，但到最後我甚至一無所覺。我以九小時四十八分零六秒的成績衝過終點，總排名第五十。很快地，尚恩告訴我，我的分齡組有其他六名男性成績比我好，獲得了科納所有參賽名額，但這個消息幾乎無損我的喜悅之情。我高興的並非是自己的表現，而是我在整趟比賽過程中，幾乎完全掌控了自己的想法和情緒。我選擇的心態除了幫助我表現良好之外，還讓深具挑戰和壓力的經驗變得異常愉快，且頗有成就感。我訓練了自己的思維以特定方式運作，而它確實發揮了作用，我的興奮之情簡直無法言喻。

9 再起失敗時

我能承受任何痛苦，只要這種痛苦有意義。

——村上春樹

關於化消極為積極，索爾・萊新（Saul Raisin）算是略知一二。他在十二歲時罹患了脊柱後凸（kyphosis），即先天性的脊柱側彎。這種病症可能會危及他在喬治亞州多爾頓活躍的生活，他一天到晚都在從事各式各樣的運動，包括棒球、足球、游泳、滑板、空手道和自行車等等。後來的四年裡，索爾的病情逐漸惡化，使得他從事許多喜愛運動的能力下降——除了一項運動之外。

隨著脊椎彎曲得越嚴重，索爾在自行車座椅上就越舒服，彷彿此種病況正在重塑他的身體，以特定的方式來配合單車的幾何設計。同時，他的胸腔擴大，讓他的心臟和肺部長到超乎常人的程度。索爾確診一年後首度參加登山車賽，排名墊底，但他持續練習，三年後轉戰公路賽時，他開始取得勝利。

二〇〇一年八月，索爾被土星發展隊（Saturn Development Team）相中，在全國青少年公路自行車錦標賽（Junior National Championships Road Race）中名列第三，並獲得代表美國參加里斯本世界錦標賽的機會。隔年夏天，他加入歐佛多（Ofoto）車隊，回到歐洲，並在U23世錦賽成績榜上穩定晉級至榜首。大車隊向他招手似乎只是時間問題，而二〇〇三年世界盃賽事中，索爾有如英雄般的表現，憑著一己之力將同樣來自美國的選手派特・麥卡第

（Pat McCarty）推向勝利，然後自己奪得第三，大車隊果然找上門來。

二十一歲生日時，索爾已經實現了自己的夢想，成為全職的職業自行車手，他以摩納哥為家，穿上了法國農業信貸銀行（Crédit Agricole）綠白相間的制服，與環法自行車賽單站冠軍索爾．霍索夫（Thor Hushovd）等人一同訓練和比賽。車隊經理羅傑．樂吉（Roger Legeay）對這名年輕的爬坡專家寄予厚望。索爾早期測試時，在惡名昭彰的馬多內山口（Col de la Madone）長坡，持續維持五百五十瓦的功率輸出長達六分鐘，但乳酸濃度從未超過四莫耳（mmol）的閾值——此數值甚至連環法自行車賽前十名的隊長克里斯多福．莫羅（Christophe Moreau）都難以匹敵。接下來的兩年半裡，索爾兌現承諾，表現亮眼，在二〇〇五年的環德自行車賽（Tour of Germany）名列第九，並在環蘭卡威賽上贏得了單站冠軍，為接下來的賽季拉開序幕。

四月，索爾隨隊回到法國參加拉薩特自行車賽（Circuit de la Sarthe）。此場賽事是為期四天的分段賽，第一賽段始於穆耶龍勒卡普蒂夫（Mouilleron-le-Captif）到聖馬爾拉雅耶（Saint-Mars-la-Jaille），沿途必須穿越綿延起伏的地形，跋涉長達一百五十英里。在距離終點僅一英里處，一條佈滿碎石的道路上，比賽逐漸變得白熱化，數支車隊的車手爭先恐後地為衝刺手搶位，想為最後衝線取得上風。混亂中，索爾的前輪碰撞到了前面車手的後輪，抑或也許是他的後輪被後面車手的前輪擦撞，又或者是其他原因。總之，索爾記不清了。事實上，那個垂危時刻發生前三個月和事故後幾週大部分的事，他都毫無記憶。

他在這之後的清晰記憶，是一個多月後在另一個大陸發生的事。索爾在亞特蘭大重症照護機構牧羊人中心（Shepherd Center）的房裡，他的照護人員剛剛首肯他查看電子郵件。自事故以來，索爾首次登入自己的信箱，結果驚訝地發現有一千兩百多條未讀訊息在等著他，其中不乏自行車界的超級明星，包括藍斯．阿姆斯壯和喬治．因卡皮耶（George Hincapie）。大家寫信的內容大致相同，都類似「索爾，我只是想讓你知道，我在為你祈禱，我心與你同在」。索爾性格憨直，如小狗狗般地溫厚、有趣、充滿愛心且忠誠，讓他在職業自行車巡迴賽中深受歡迎，隊友甚至以雙關語戲稱他為「notre raisin préféré——我們最喜歡的葡萄」[6]。然而，如此排山倒海的善意實在超乎他的想像和經歷。索爾不禁心想：「到底發生了什麼事？」

6（譯註）萊新的英文「Raisin」與法文「葡萄」同義。

於是，他打開了Google頁面，在搜尋框中輸入自己的名字，然後按下輸入。接著出現了五十多萬筆連結網址，他點選了CNN的一篇文章，標題是「萊新因比賽擦撞陷入昏迷」。報導指出，二十三歲的職業自行車手索爾．萊新在法國西部拉薩特自行車賽第一賽段，以每小時近四十英里的速度在騎行時發生車禍。他的鎖骨骨折，斷了兩根肋骨，慣用的左手嚴重挫傷，頭部朝下撞擊路面造成各種擦傷，同時導致他當下立即昏迷，並引發劇烈的癲癇。索爾被緊急送往最近的醫院，由於大腦迅速腫脹，使他陷入重度昏迷。醫院通知索爾的父母，他們隔天到達昂傑（Angers）的醫院後，醫生告知吉姆和伊芳．萊新（Jim & Yvonne Raisin）做好心理準備，他們的兒子隨時都可能撒手人寰。

索爾讀著久遠的報導，基本上可以肯定的是：自己終究倖存了下來。他現在終於明白了左側身體為何無法動彈，為何他只能坐在輪椅上。在此之前，一切都像是一場噩夢：他在陌生的地方醒來，看到法國農業信貸銀行隊醫喬爾．梅納德（Joel Ménard）憂心忡忡地盯著他。他發現自己被拴在床上，治療師要求他畫一個棍子人，結果他只畫出了棍子人的右半部。霎時間，索爾明白了這些事並非是噩夢的元素，而是創傷性腦損傷的影響。他意識到這件事後，不禁潸然淚下。

索爾已經克服了天大的難關才走到了這一步。他被告知自己可能再也無法行走，但索爾從昏迷中醒來兩週後，就靠自己站了起來。他究竟能復原到什麼程度，仍不得而知，不過，索爾有三大優勢：首先是一顆幾乎是普通人兩倍大的心臟；再者是堅定不移的樂觀精神，體現在他的另一個綽號「美國夢想家」上；以及與樂觀精神同樣強烈的參賽決心。索爾十七歲時，美國自行車協會（USA Cycling）的官僚試圖以他駝背為由阻止他參賽時，當時正是索爾堅決的參賽決心促使他進行反擊，並取得了萊新家家庭醫生證明，因此扭轉了局勢。

就在那場差點讓他喪命的騎乘過後四十一天，索爾再度騎了車——不過這次是在牧羊人中心的復健腳踏車上騎了二十分鐘。他很快地就開始每天騎車，拚命想盡快讓左腿趕上右腿，並且非常享受這個過程。事實上，重新騎車大幅助長了索爾整體的康復，不到兩週後，他就結束住院治療，獲准出院與父母一同回到兒時的家。他回到多爾頓，立即使用直驅式訓練台開始一般的公路車訓練。

七月初環法自行車賽開始時，索爾已經每天在訓練台上騎車三小時，每週游泳兩次，還練舉重。到七月底前，他已經能在滾筒式訓練台上騎車，此種室內的自行車練習配置需要全身的平衡。不過，他依然被禁止單獨於戶外騎車，但有一天，吉姆和伊芳外出辦事時，索爾偷偷溜進車庫，騎著他父親的自行車小小地繞著圈——這是意外發生後，他第一次騎在真正的自行車上。接下來三週，他獲得神經科醫師正式核准，可以全面恢復訓練。再過來的數月裡，索爾以狂熱的熱誠繼續力求復出，在感恩節那一週完成了八小時、一百二十英里的單獨騎行，其中包括兩萬英尺的攀升——相當於他在事故發生前所進行的大型騎行。

一月時，法國農業信貸銀行在尼斯舉辦了訓練營，為二〇〇七年賽季揭開序幕。索爾不僅出席了比賽，還在部分上坡騎行路段創下了配速紀錄。他在部落格上寫道：「我做夢都想不到能來到此處，這證明了夢想確實會成真。」

索爾所言無誤，但夢想有時也的確會破滅。雖然他取得了令人難以置信的進步，但車隊的醫療團隊擔心遺留的認知障礙（判斷力失準、反應遲緩）以及頭部再次受到撞擊的未知風險，整個二〇〇七年賽季都將索爾排除在外。他以獨立車手的身分參加了當年的全美計時錦標賽（USA National Time Trial Championships），但成績落後了許多，他不聽話的左腿仍無法發揮全力。

十一月，索爾返回法國隨隊訓練，並接受生理和神經心理測試。他回到家裡時，訝異地發現父母在機場等他，這算不上是愉快的驚喜。索爾的母親強忍著淚水告訴他，羅傑·樂吉前一天致電並告知他們，隊醫認為由於風險過高，索爾不該再代表法國農業信貸銀行出賽。

索爾在十一月二十七日的部落格文章分享了這項消息。他寫道：「過去十三年的辛苦訓練如今走到盡頭……實在令人難受。我總是說，若你任何事都盡力而為，請為自己已盡了最大努力感到開心和滿足。我將永遠恪守這句座右銘，我盡了全力，付出一切來重返職業自行車運動，我很滿意自己竭盡所能，也永遠不會問『如果』。現在是時候繼續前進，並開始新的生活。我不再是自行車手索爾·萊新……我現在是腦損傷倖存者索爾·萊新。未來的求職路肯定得費一番工夫，大家有任何想法嗎？待聘中。」

所幸，在如此不確定的時刻，索爾仍有些可依靠的後路。其中之一是新發行的回憶錄《自行車手之旅》（*Tour de Life*），內容記錄了索爾努力復出的歷程。但他被迫退出職業自行車界對新書的行銷和宣傳產生了寒蟬效應。熱門電視節目《內部版本》（*Inside Edition*）取消了關於索爾的片段，無疑影響了數百甚至數千本書的銷量，並連帶衝擊了其他媒體的曝光機會。

這是一個沉重的打擊，但至少索爾還有未婚妻阿莉薩．扎布里斯基（Aleeza Zabriskie），她恰好是當屆全美計時賽冠軍大衛．扎布里斯基（David Zabriskie）的妹妹。二〇〇七年四月，兩人於洛杉磯國際機場相識，當時索爾在環加州自行車賽（Tour of California）結束後的返家途中，他在那裡舉辦了首屆「新希望騎乘公益活動」（Raisin Hope Charity Ride），這是為他為了幫助腦損傷倖存者所創辦的基金會首場募款活動。一場戀愛風暴席捲而來，六月時，事故後變得更衝動的索爾向阿莉薩求婚，並搬到了阿莉薩的家鄉鹽湖城。然而，這對年輕愛侶對對方幾乎一無所知，雙方越認識彼此，矛盾就益發嚴重。兩人於十二月一日結婚，數月後分開，使得已經二十五歲的的索爾不得不搬回父母身邊。

索爾的基金會提供了另一條路。基金會在加州首次的公益騎乘活動大獲成功，募款高達三萬美元，隨後的公益騎乘和拍賣活動也籌措了數萬美元，但基金會的經營程度從未足以讓負責指揮的索爾得以支薪。而且，隨著外界對索爾的事故和康復的關注熱度漸退，他也只能繼續追尋未來的人生方向。

沮喪的是，索爾的能力開始倒退。他的跛行回來了，短期記憶變得較不敏銳。然而，他從來不是輕易放棄的人，最終索爾找到了充分運用現況的方法：他決定成為鐵人三項運動員。

他的決定完全合情合理。高中時，索爾曾加入游泳隊，表現出色，甚至參加過一些全國比賽。高二升高三的夏天，他贏得了當地的短程鐵人三項冠軍。此外，他雖無法參加職業自行車賽，但仍是能力出眾的自行車手，而鐵人三項賽中沒有隊醫有權因責任風險將他排除在外。

二〇〇八年十月，我為《鐵人》雜誌採訪了索爾。那時，他只低調地參加過一次成人賽事——奧林匹克長距離比賽。但他抱負遠大，還有強大的後盾。索爾獲得了跑步運動品牌艾威亞（Avia）的贊助，並且由瑞典選手比約恩．安德森（Bjorn Andersson）的教練負責訓練，前者是當時鐵人三項運動最厲害的自行車手。索爾計畫參加二〇〇九年數場半程鐵人三項賽，最後在年末參加鐵人三項世界錦標賽，以此年度盛事來為一年劃上句號。他告訴我，他的目標是讓人們大吃一驚。

二〇〇九年，索爾初次參加在紐奧爾舉行的半程鐵人三項賽，最終落後冠軍八十分鐘，排名第兩百七十一。考慮到不過才兩年前，索爾還處於昏迷不醒，且預期不會甦醒，這確實是值得「一驚」的成就。但如此的表現無法為索爾贏得晉級科納的席次，他隨後的成績也不甚理想。

我幫索爾寫的人物專訪發表後不久，我就失去了他的消息。四年後，我從他接受西班牙自行車網站的訪談中得知，他的生活並無太大變化，感到非常震驚。他一邊持續哀悼著先前的夢想破滅，同時繼續想著參加鐵人三項世界錦標賽。

索爾談到自己被法國農業信貸銀行解約時說道：「這對我來說非常難受，直到現在，日子還是很艱難。已經快七年了，我還在找工作，努力重建我的生活。」

總而言之，那是一次相當令人沮喪的訪談。故事不該以此方式結束。

何謂成功偏誤？

「成功偏誤」（success bias）指的是一種邏輯錯誤，也就是將成功故事視為常態的代表，而非真實常態的例外。美國向上流動的神話就是成功偏誤很好的範例。鼓舞人心的「白手起家」故事被視為人人皆可成功向上的證據；然而，事實上，相較於其他國家，美國社會的向上流動性排名偏低。

另一個成功偏誤的例子與飲食有關，也與耐力運動員更切身。社群媒體上常充斥著間歇性斷食、生酮飲食等各種飲食法的證言與評價，都是由新信徒所發布，他們將達到減重目標，或提高耐力表現等其他其他健康和體能的益處，全都歸功於如今生活中遵循的飲食限制。這些人的推薦試圖說服其他人採取相同的飲食，並期望獲得相同結果，但他們有所不知，社群媒體意見領袖雖發現有效的特定飲食法，但有更多人發現此種方法難以持續，因而最終放棄，但往往出於尷尬而對自己的經驗避而不談。身為運動營養學家的我，後來收到了許多此類人士的來信，他們準備以更溫和的飲食方式，來追求更好的健康和體能。

本書也是成功偏誤的例子。前面幾章舉例說明一些運動員的例子，他們憑藉著本身的能力和意願面對現實，因而實現驚人的逆轉或復出。我分享這些故事的目的，是為了介紹超越現實主義在生活中的實例，但我也許在過程中營造了超越現實主義總是會成功的印象，實際上並非如此。索爾．萊辛就是其中一例。他並不缺精神毅力，但在努力回歸，試圖以驚人之姿再起時，卻總是不盡如人意，其他的例子更是不勝枚舉。

一九九九年鐵人三項世界錦標賽進行至游泳賽段時，五年前贏得比賽的格雷．韋爾奇

（Greg Welch）感覺自己的心率忽然加速至驚人的每分鐘三百二十下。當時排名第三的他立刻停止游泳，仰躺漂浮於水面，直到心跳平靜下來，然後重新開始游泳，結果又再度發作。

格雷完成游泳後，曾一度考慮退賽，但綽號「大膽」（Plucky）的他可不是浪得虛名，所以他爬上自行車，開始踩踏，然後心率再次加速。格雷就在這種情況下完成了整場比賽，一路上症狀發作了二十多次，最終還是獲得了第十一名，後來他被診斷出罹患心室性心搏過速（ventricular tachycardia），進行了四次心臟手術。最後，醫師准許格雷進行輕度運動，但輕度運動可不是職業鐵人三項運動員在做的事，所以他的復出之路就此告終。

若格雷・韋爾奇因不幸的厄運而無法回歸，類似於駭人的炸彈爆炸，那麼卡拉・古徹爾（Kara Goucher）的經歷則更像是痛苦難忍的緩慢燃燒，只不過這次並非不幸的厄運，而她永不後悔的選擇。正值巔峰狀態的精英運動員懷孕時，有如拿職業生涯下賭注。雖然許多運動員成為母親後依然能重返巔峰，但有些人卻不然。不過，也許巔峰與懷孕本身無關；對於處於最佳狀態的運動員來說，必須所有條件俱足，才能一直維持在「心流」（the zone）的超常境界，訓練和比賽過程若有任何嚴重的中斷，也許都難以完全恢復。

卡拉正值事業巔峰，卻在此時發現自己懷孕，與同為職業跑者的丈夫亞當・古徹爾（Adam Goucher）即將為人父母。她剛剛在二〇〇九年波士頓馬拉松賽取得第三，先前她才在紐約首度參加馬拉松賽，並獲得第三名，更早前卡拉也曾參加世界錦標賽一萬公尺比賽，並獲得銀牌。卡拉的事業風生水起，因此一直延後懷孕計畫，直到三十一歲時，她認為再等下去，自己產後也許很難恢復到與產前相同的職業水準。

卡拉產後剛復出之際，我到奧勒岡州波特蘭採訪她，為《競爭對手》（*Competitor*）雜誌寫一篇人物專訪。結果發現她當時極度焦慮，近乎執迷地將自己與懷孕前的卡拉做比較，質疑自己能否實現職業生涯剩下的目標，包含贏得波士頓馬拉松冠軍和打破美國馬拉松紀錄。她有一度對我說：「上週我取得了巨大突破，我進行了（自復出以來）表現最好的快跑訓練、節奏跑和長跑，我需要這點鼓舞。」

卡拉嘗試復出之所以讓她如此煎熬，原因就在於，她十分接近自己從前的水準。奇怪的是，假使她職業跑步生涯的下半場完全一敗塗地，若她曾經的表現蕩然無存，而不是像現在近在眼前，卻又難以企及的話，整個過程對她的折磨也許會少上許多。二〇一一年，卡拉在波士頓馬拉松創下了兩小時二十四分五十二秒的個人最佳成績，但這一年的選手表現都相當優異，她只獲得了第五名。隔年，她贏得了美國半程馬拉松錦標賽冠軍，但她的成績比三年前在大北方半程馬拉松賽（Great North Run）擊敗傳奇名將寶拉・瑞德克利夫（Paula Radcliffe）時慢了近三分鐘。

為了找回往昔的力量，卡拉換了教練，然後搬到科羅拉多州的波德（Boulder），接著又換了教練，並獲得新的跑鞋贊助。她做盡一切正確的事，努力跑步但不過度努力、上健身房、健康飲食、按摩、小憩、看運動心理醫師等等，雖然有些訓練區塊表現較佳，但她發現自己不再享受跑步。卡拉從職業公路和田徑比賽轉往休閒越野跑發展後，在二〇一九年接受《女性跑步》（*Women's Running*）雜誌採訪時表示：「我不是因為想跑步而跑步。我跑步是為了想要實現目標，為職業生涯畫上句號，但這個時刻從未到來。」

馬特・狄克森（Matt Dixon）的失敗則源於過度訓練。他年輕時在祖國英國成為游泳運動員時，就養成了這個習慣。雖然他在泳池的努力為他帶來了某種程度的成功[7]，但他在二〇一〇年接受Slowtwitch.com採訪時表示：「我比賽時的表現從未比得上訓練時。」二十二歲時，馬特對游泳感到厭倦，轉而參加鐵人三項賽，但重複了相同模式。立即的成功促使他在第二個賽季就轉為職業選手，而精英比賽的壓力又促使他更加苦練。

馬特在二〇〇四年維恩曼半程鐵人三項賽（Half Vineman）中獲勝，也許可作為指標，用來評估他可能的成就。此項重要賽事過去和未來的冠軍包括傳奇人物克禮斯・萊格（Chris Legh）和西蒙・萊辛（Simon Lessing）等人。這場賽事之後，馬特並未繼續贏得更多、更大的比賽，反倒是心態慢慢瓦解、崩潰，出現了慢性疲勞和嚴重的荷爾蒙失調，甚至被迫完全停止運動數月。即便如此，這也不是世界末日。馬特恢復了健康，年紀還輕，他知道天賦不會消失。理論上來說，他有十足的理由嘗試復出，但光是用想的，他就幾乎感到身體不適，因此澈底放棄了比賽，轉而投身教練工作。

我們如何看待這些範例？他們是否代表了超越現實主義某些時候毫無用處？此言差矣。即使不可能成功東山再起，超越現實者仍能以其他方式充分運用處境。但別聽我的，聽珈布芮兒・格魯內瓦爾德（Gabe Grunewald）的。此名美國跑者在三十二歲時因癌症去世，她在生前最後一次採訪中，受邀思考自己留下的成就時，珈布芮兒告訴《跑者世界》（*Runner's World*）：「我希望讓大家看到，即便身處困境，依然可以創造出美麗且深具力

7（作者注）獲得辛辛那提大學獎學金，參加一九九二年和一九九六年英國奧運游泳選拔賽。

量的事物，我們仍可以在當中找到美好。我永遠不會任癌症擺佈。」

珈布芮兒說出此番話時，人生已處於無可轉圜的境地。任何形式的復出都全然不可能。盡管如此，珈布芮兒意識到她仍擁有某種自由，她仍可以勇敢而快樂地生活，並以此為他人樹立榜樣，而非屈服於自憐和自怨自艾。她可以充分運用看似絕望的境況，自行賦予她所選擇的意義。

請記住，超越現實主義意味著，無論情況多糟，都不去冀望事情有所不同。珈布芮兒當然不希望自己心願未了地離開人世，但她拒絕浪費時間和精力一味希望自己沒有罹癌，她選擇讓自己短暫人生的最後一程比原本更有意義。

對超越現實者而言，無法捲土重來並不意味著失敗，只是成功條件的變換。原因在於，在超越現實者眼中，成功並非特定的結果，而是充分運用情境的行為。埃里烏德・基普柯吉在二〇一七年向牛津大學辯論社發表演說時，也許試圖傳達的正是這個道理，他說：「獲勝不重要，成功甚至也不重要。」現在，若你是埃里烏德・基普柯吉，天賦異秉且從未受傷，並且立志成為第一個在兩小時內跑完馬拉松的人，那麼充分運用情況盡力而為也許就意味著，實際在兩小時內完成馬拉松，如同他二度嘗試一般；但如果你是罹癌的珈布芮兒・格魯內瓦爾德，立志戰勝癌症，並入選二〇二〇年美國奧運代表隊，那麼**充分運用情況**、**盡力而為**也許就是離世前為粉絲和支持者樹立榜樣。無論是哪種情況，都是成功。

重要的是，切勿把這種將失敗轉化為成功的能力，與第三章的酸葡萄現象混淆。酸葡萄心理是欺騙自己，**假裝自己從未想要根本無法企及的事物**。將失敗轉化為成功與此大相逕庭，是為遙不可及的現實尋求另一項最佳的替代方案。

關於此議題，沒有比奧地利神經學家維克多・弗蘭克（Viktor Frankl）更偉大的人生導師了。他在二戰期間曾在納粹集中營裡當過四年囚犯。所有人類可能陷入的困境中，沒有什麼比弗蘭克和他的同胞所遭受的屈辱、酷刑、睡眠剝奪、強迫勞動、飢餓和疾病更慘無人道了。但是，正如弗蘭克在其回憶錄《活出意義來》所描述，即便身處困厄之下，少數人還是成功地控制了少數能掌控的事物。弗蘭克本人就是其中之一，他看照一起受苦受難的同胞，行有餘力時挺身對抗他們的折磨者，甚至在寒夜的低溫中鋪設鐵軌時，繼續從事他以前的職業，在腦海中發展意義治療理論（logotherapy）。弗蘭克身為心理學家的目光，關注著這些可怕處境下所遇到的超越現實者，他寫道，「他們承受的苦痛，是一種真正的內在成就」，證明了「即使身處絕境，任何人都能決定自己心理和精神的樣貌」。

我確信你拿起本書，並未預期被提醒起猶太大屠殺的恐怖，但我提及此事其來有自。那些最成功應對人類最險惡處境的人，也是最能成功因應日常生活挑戰的人，包含運動員追求目標時面臨的考驗。無論相較之下，你的痛苦看來有多微不足道，了解弗蘭克筆下的男女如何「承擔他們的苦難」將有助於你承受自身的痛苦。所以，集中營的英雄們如何承受磨難？方法有二：接受他們擁有自由意志的現實，並利用這種自由在他們的磨難中尋找意義。

哲學家沙特認為，人最害怕的現實是自己的自由意志，因為承認我們在各種情況下多少有某種選擇的自由時，某種程度上也是在內心接受了對自身命運的責任。我們呱呱墜地時都是無助的嬰孩，受到成年人的照顧，等到自己成年之後，不論是由命運、上帝或其他外力等等，我們內心仍有一部分渴望被照料；我們希望可以不用為自身的遭遇負責任，但仍總是順心遂願。沙特對於人否認自由意志，稱之為「生活在自欺之中」(living in bad faith)，而我們所有人或多或少都會自欺，只是程度多寡的差異。

抑或說，幾乎所有人都是如此。但維克多．弗蘭克等人證明了，即使正常的自由被剝奪，我們也能完全真誠地生活。此外，也有其他或許與我們更有共鳴的人，展現了學會更大幅接受自由意志時的收穫。還記得第一章的伊凡嗎？我幫助他克服了訓練中過度努力的傾向，而他學會了更坦誠面對自我，因此在比賽最艱辛的時刻發現了全新的掌控感？這種感覺就是接受自己有選擇的自由時所帶來的回報。面臨決策和行動之前，往往最讓人感到憂懼，因為我們深知，不論結果如何，我們都必須自負全責。然而，一旦我們完成決定採取的行動，感覺再好不過，因為我們在擁抱自由意志的同時，也感到安適，知道自己雖無法掌控一切，但至少控制了最終的結果。

有趣的是，當超越現實者的態度是他們唯一能控制的事時，他們選擇採取的態度是，在痛苦中尋找意義。弗蘭克相信，意義是人類最基本的需求。即便基本的生理需求得不到滿足（當人營養不良、生病、睡眠不足、持續感到疼痛時），若人感覺自己的生命有意義，便能維持生存的意志。近期的心理學研究也支持了此觀點，並指出超越現實者在最絕望的情況下，選擇採取的態度是最理想的心態——在經驗中尋找意義會讓人感覺更好，並讓他們比原本更善於應對面臨的處境。

科羅拉多州立大學（Colorado State University）心理學家邁克爾．史德格（Michael Steger）

在二〇一八年一篇評論中寫道：「文獻中反覆發現的關係裡，意義與幸福、生活滿意度、正向情緒、希望、自尊、自主、與他人的正向關係、能力、個性外向、認真盡責、健康和長壽之間的關係存在著正相關……關於意義的研究證據不僅多不勝數，而且還迅速增加，足以有力地證明意義對人類福祉和繁榮的重要性。」

我在本書中提供了許多指導建議。現在，請容我提供最後一點意見，若你往後十年只記住並實踐這一點，我會備感欣慰：

一、接受現實，你是自由的，在各種情況下多少都有選擇，無一例外。

二、不僅在當態度是你唯一可控事物的最壞情況下，才尋求意義；而是在各種情境下，做出當前現況對你最有意義的選擇，包含幾近完美但還能盡善盡美的情況。

一切有何意義？

索爾．萊辛因腦傷而改變人生軌跡後的十三年五個月又零四天，我們透過電話重新取得了聯繫。他的聲音一如既往，和十一年前我們初次交談時一樣，這提醒了我，即便過了這麼長時間，他依然年輕——只有三十六歲，甚至比一些仍活躍於賽場上的職業選手還年輕。

通話過程中，索爾的說話聲並非唯一吸引我注意的聲音，還有一個有節奏的背景音。

我問：「你現在在跑步嗎？」

索爾答：「沒錯。我現在比較常跑步，多過騎車。我有一輛裝了公路車胎的登山車，但最近兩次騎車時都差點被車撞，這裡的駕駛開車不太小心。」

「這裡」指的是喬治亞州的紐南（Newnan），是亞特蘭大一處安靜的遠郊。索爾與妻兒琳賽和艾薩克一同住在三房的簡陋住宅。我與索爾討論了他是如何走到今日，以及他最終是否成功接受、擁抱和因應了事故後的現實。因此，我也發現了索爾比二〇〇八年時更坦率，過去的他試圖展現內心平靜和樂觀的形象，也許還試圖說服自己他過得很好；後來，索爾感覺自己需要分散注意力，以逃避內心不斷加深的悲痛，讓他的奮鬥流露出一絲絕望。他每年在全球各地發表五十至六十場勵志演說；擔任創傷性腦損傷（TBI）倖存者的倡議者，他全心投入工作，其中還包括為退伍軍人事務部（VA）擔任義工；並像職業鐵人三項運動員一樣接受訓練。但他內心痛苦不堪，難以維持如此的熱忱與繁忙步調，久而久之，索爾退出了退伍軍人事務部，並將演講場次縮限至一年一至兩場，並放棄了鐵人三項運動。

索爾的人生在二〇一〇年跌落谷底。二十七歲的他再度搬回雙親家、失業、又陷入另一段不健康的關係，而且還酗酒。他對我說：「我當時正處於『為何是我』的怨天尤人階段。我很沮喪，還做了糟糕的人生決定。」那年夏天，索爾前往特納球場（Turner Field）觀看亞特蘭大勇士隊的比賽。他抵達後，直奔販賣部買啤酒，結果，服務生認出了他，從櫃檯後面走出來，緊緊擁抱索爾，對他由衷致謝，並稱他為「我的英雄」。這名熱情的服務生是從伊拉克戰爭退役的老兵，同時也是創傷性腦損傷患者，是索爾擔任一對一志工時，從他的個人故事深獲鼓舞的眾多人士之一。索爾猝不及防，剎時崩潰痛哭，覺得自己像個騙子。他心想，如果我不開始實踐自己所宣揚的道理，我只會一事無成。索爾最後非但沒買啤酒，他還戒了酒。

索爾邊跑步，邊說道：「我不再問『為何是我』，而是開始問『為何不是我』，你聽過一句話嗎？——『永遠不要追隨不曾跛行的領導者』，我現在正是如此看待自己，我的遭遇讓我能以從未有過的方式與人交流，我花了許多年才意識到這一點。」

索爾家附近住了一位患有創傷性腦損傷的退伍老兵。索爾常陪他外出採買辦事，並做一些其他的小善舉，比起他過去遊說國會為創傷性腦損傷的退伍軍人提供更多援助，現在的作為儘管影響範圍較小，但作用卻更大。更何況，一對一的方式感覺更適合他，讓他心情愉快，是他從前嘗試成為倡議運動代言人時從未有過的感覺。

自從透納球場的偶然相遇後，索爾踏上目前的道路歷經一年。一日，他在參觀亞特蘭大兒童醫療中心的兒科神經創傷實驗室（Pediatric Neurotrauma Lab at Children's Healthcare）時，遇到了一名讓他立刻感覺似曾相識的年輕女性。他與琳賽交談幾分鐘後，便問了一個問題，索爾笑稱是有史以來最棒的搭訕台詞，他問道：「妳腦袋有受傷嗎？」

果不其然，琳賽真的有腦損傷。她十五歲時，遭遇了一場車禍，因而昏迷了九個月。如同索爾，她本來不被看好能倖存下來，但她出乎醫生意料，幾乎完全康復。索爾和琳賽開始約會，並於二〇一四年九月結婚。不出三個月，骨盆在車禍中完全粉碎的琳賽懷孕了，再度讓她的醫生大吃一驚，醫生曾告訴她可以放棄成為母親的念頭。最後，儘管有些併發症，但艾薩克還是如期來到世上，而且身體健康。

工作方面，索爾自稱自己處於半退休狀態。尋常日子裡，他會早起去健身房重訓。他和琳賽都是代課老師，不用教書的時候，他上午會和艾薩克一起度過，吃過午飯後，他會去跑步並進行一些居家裝潢和修繕。索爾喜愛烹飪，也會負責準備全家大部分的晚餐。

另外，他還兼職在電影和電視節目中擔任臨時演員，為生活帶來一些額外刺激。近年來，喬治亞州已被譽為美東好萊塢，任何時候都至少有一部電影或電視劇在紐南拍攝。二〇一八年，索爾和琳賽在市中心牽手散步時，碰巧發現了一個拍攝現場，索爾如同小狗看到擲飛盤一樣，好奇心被挑起。

他對琳賽說：「親愛的，這裡有輛服裝卡車。我們來看看，我能不能參演這部電影！」

幾名劇組人員在卡車外閒逛。索爾走近詢問他要去哪裡著裝和化妝。

其中一人說：「我們一直在等你！」。

後來索爾才發現，他們一直在等的臨時演員發生了小車禍而延誤了。簡直跟演電影沒兩樣！接下來幾個晚上，索爾在電影《火爆浪子》（*Grease*）前傳《夏之夜》（*Summer Nights*）的一幕場景中扮演酒吧顧客。此後，他參演了一百多部電影和演出。

我問他：「你會開始接有台詞的角色嗎？」

索爾回答：「不，我不需要那些。」

談話進行至此，索爾已經跑完步回家，他建議我們換成視訊通話，這樣我就可以見見他的「小怪物」，他發現小傢伙正坐在廚房餐桌前，全神貫注地用一些色彩鮮豔的塑膠物件玩扮家家酒遊戲。

索爾提示：「你能告訴麥特先生，爹地以前做什麼嗎？」

艾薩克答：「騎自行車！」

索爾的職業自行車生涯被迫結束之後，他的生活也頓失意義，他變得很不快樂。多年來，他一直試圖尋找取代自行車的運動，希望重新找回快樂，鐵人三項運動就是最明顯的例子。但這些努力不過是對現實的否認，絕望地嘗試繼續過他曾經熱愛的生活。一直等到索爾幾乎放棄重拾幸福時，才看見了不同的選擇。透納球場的啤酒店員並非因為索爾曾經善待他，而認為他是英雄，是因為索爾曾是職業自行車手，在鬼門關前走一遭後，又一路努力捲土重來，雖然功敗垂成，但他已經比許多創傷性腦損傷倖存者堅持得更久、更往前。更重要的是，啤酒店員在稱呼索爾為他的英雄時，也給了他一些回饋。就在那一刻，索爾看見了他的自行車生涯在生命中的不同意義，對他而言，那雖是短暫的榮耀，又是令人傷心的結局，但對許多人而言，卻是英勇退場。

艾薩克也是新意義的一部分。顯而易見，即使艾薩克只有四歲，也為父親過去的運動成就感到自豪。我隱約可窺見，艾薩克在索爾這樣的父親教養之下會是什麼模樣，他讓我想起了自己，家父在越戰期間曾是美國海軍特種部隊隊員，當我大到足以了解他的軍職時，那些日子早已遠去，父親從不吹噓，只是回答我們兄弟的疑問，偶爾分享一些軼事。我喜歡作為英雄的孩子長大，父親在我眼裡無疑是英雄，我想艾薩克也是如此，索爾肯定也明瞭這一點，這也讓一切更意義獨具。

索爾仍然懷念自行車賽。我們結束視訊通話前不久，他告訴我：「我想念自己表現超群的日子，比賽發揮得好時，你會感覺自己所向無敵，我懷念那種快感。」如今不同的是，他可以接受錯過這一切，面對現實。簡言之，這就是超越現實主義。不論是運動或生活，現實總是先我們一步，但心靈可選擇擁有最後的決定權，若決定正確的話，就能在現實的框架內找到一小塊自由的角落——無論現實多麼逼人，心智總是會勝出。對超越現實者而言，跌倒後再起永遠不算失敗。

致謝

我想向下列各位致上最深切的感激，從校對到精神支持，感謝他們對本書的寶貴建議與不吝指教：Christina Bauer、Casey Blaine and the fabulous team at VeloPress、Buck Blankenship、Courtney Cardenas、Suzanna Cohen、Curtis Cramblett、Sarah Crouch、Nataki Fitzgerald、Sean Fitzgerald、Rodney Flow- ers、Mario Fraioli、Evan Hardcastle、Greg Hillson、Mike Holmes、Justin Lucke、Rob Krar、Ed Mageean、Mandy McDougall、Wade Meyer、Cory Nyamora、Saul Raisin、Bill Rodgers、Ben Rosario、Josh Sandeman、Molly Seidel、Meghan Taff、Paul Thomas、Ryan Whited、and Jamie Whitmore。特別感謝我的好友暨長久以來的經紀人Linda Konner——妳是最優秀的。

國家圖書館出版品預行編目 (CIP) 資料

復出的本事：以短痛換長勝的實證法則，是勝是敗你都不虧 / 麥特・費茲傑羅 (Matt Fitzgerald) 著 ; 張嘉倫 譯 . -- 初版 . -- 新北市 : 一起來出版 , 遠足文化事業股份有限公司 , 2024.03
324 面 ; 14.8×21 公分 . --（一起來 ; OZFB0012）

譯自 : The comeback quotient: a get-real guide to building mental fitness in sport and life.
ISBN 978-626-7212-59-2 (平裝)

1. CST: 運動心理　2. CST: 運動員

528.9014　　113001123

一起來　0ZFB0012

復出的本事

以短痛換長勝的實證法則，是勝是敗你都不虧

The Comeback Quotient: A Get-Real Guide to Building Mental Fitness in Sport and Life

作　　者　Matt Fitzgerald 麥特・費茲傑羅
譯　　者　張嘉倫
責任編輯　林杰蓉
編輯協力　張展瑜

總 編 輯　陳旭華 steve@bookrep.com.tw
出版單位　一起來出版／遠足文化事業股份有限公司
發　　行　遠足文化事業股份有限公司 www.bookrep.com.tw
23141 新北市新店區民權路 108-2 號 9 樓
電話｜02-22181417　傳真｜02-86671851
法律顧問　華洋法律事務所　蘇文生律師

封面設計　Dinner
內頁排版　新鑫電腦排版工作室
印　　製　通南彩色印刷有限公司
初版一刷　2024 年 3 月
定　　價　500 元
ISBN　9786267212592（平裝）
9786267212547（EPUB）
9786267212554（PDF）